KB267150

범의 길

일러두기

Narration

영화 속 등장인물이나 영화 속 등장인물이 아닌 제3의 인물이
관객에게 직접 정보를 전달하거나 자신이나 타인의 심리를 설명하는 소리를 말한다.

Voice Over (V.O.)

등장인물이 입을 열지 않은 채, 들려주는 내면의 소리를 가리킨다.
전화기 너머의 목소리처럼 영화 속 상황에서 들리는 소리를 가리키기도 한다.

Off Screen Sound (O.S.)

같은 시간, 공간 안에 있지만,
화면(프레임) 밖에서 들리는 인물의 대사나 현장음을 말한다.

벼랑 위 칼 군

1920 독립전쟁

각본집 | 박흥식 지음

꿈꿀자유

차례

추천의 말 1   **6**

추천의 말 2   **8**

기획의도   **10**

각본   **13**

작가 후기   **175**

드라마 〈청년 김대건〉의 박흥식 감독이 시나리오를 들고

찾아왔습니다. 홍범도 장군 영화를 찍기 위해 시나리오부터

책으로 출판하겠다고 했습니다. 영화나 드라마가 종영된 후

각본집이나 대본집이 출판되는 일은 더러 있어도 사전에

출판되는 것은 보기 드문 일입니다. 홍범도 장군 그리고 장군과

함께 조국의 독립을 위해 기꺼이 목숨을 던진, 더러는 이름을

남겼으나 대부분 이름조차 남기지 못했던 우리 선조들의

이야기였습니다. 등장 인물들의 행동과 대사만 간결하게 적은

문장들을 읽기 시작하자 머리 속에 커다란 스크린이 떠올랐고,

그분들이 살아 움직이기 시작했습니다. 개마고원과 연해주와

만주를 떠돌며 뜨거운 눈물을 쏟기도 하고, 이따금 함박웃음을

짓는 모습을 생생하게 볼 수 있었습니다. 우리는 5년 전 광복절에

대한독립군 총사령관 홍범도 장군의 유해를 카자흐스탄에서

조국의 산하에 모시고 왔습니다. 이제 홍범도 장군과 그리고 함께

싸운 분들의 정신을 더 온전히 우리 가슴 속에 모셔 와야 합니다.

홍범도 장군 영화를 기필코 만들겠다는 박홍식 감독의 꿈과

열정을 응원합니다. 그 꿈을 위해 시나리오를 먼저 출판하겠다는

그의 용기를 응원하며, 영화의 성공으로 이어지길 희망합니다.

제19대 대한민국 대통령 문재인

박홍식 감독의 인물 해석은 벼락 같은 깨달음을 선사한다.
그는 영화 〈탄생〉에서 '김대건'을
개화가 아닌 개벽의 지식인으로 자리매김했다.
단순히 시각을 충족하는 영화가 아니었다.
그의 영화는 생각하게 만든다.

그런 그가 몇 년간 인간 홍범도에 몰입했다.
범도의 길을 더듬고 흔적을 찾아다녔으며 그의 묘지에 참배했다.
오랫동안 박홍식 감독을 지켜보면서
나는 그가 일을 낼 거라고 예감했다.
그리고 그 결과가 『범의 길』이다.

일반적으로 영화 대본은 상영 후 서점가에 배포되는 게 맞다.
그런데도 그는 대본을 먼저 책으로 묶는 사달(?)을 냈다.
나는 원고를 읽으면서 기이한 경험을 했다.
이 대본은 읽는 이가
직접 동선을 연출하고 배우를 캐스팅하게 만든다.

첫 화면은 강렬하다.
칠순이 넘은 홍범도가 총을 발사해서 명중시키는 장면이었다.

전쟁에 참전하겠다고 위원들 앞에서 사격 능력을 보였음에도
그는 고령이란 이유로 거부당한다.
세월이 흘러도 그는 군인이었다.

홍범도 장군이 단순히 무장 독립군이었던가?
그는 평생 조국의 독립을 위해 싸웠다.
국가로부터 어떤 지원도 받지 못한 채 가족 모두를 잃었다.
아내는 일본군의 고문 끝에 죽었고, 아들은 전투 중 사망했다.

"5월 18일 12시에 내 아들 양순이 죽었다.
그때 양순은 중대장이었다."
그의 일지에 기록된 짧은 한 줄이다.
인간 홍범도를 재조명하는 박홍식 감독의 이 책을 추천한다.
직접 감독이 되어 영화를 제작하는 경험을 하게 될 것이다.

인물 해석은 그대들의 몫이다.

작가 김미옥

1918년 말, 제1차 세계대전이 끝납니다.

윌슨은 전후 처리를 위한 원칙 가운데 하나로

민족자결주의를 주창합니다.

레닌은 식민지 독립운동의 지원을 약속합니다.

우리 민족은 일제의 식민 지배에서

곧 벗어나게 되리라는 기대에 부풀었고,

1919년 3월 1일, 독립을 요구한 게 아니라

우리는 이미 독립국임을 선언하는 만세운동을 펼칩니다.

상해에서 대한민국 임시정부가 출범하고, 헌법을 제정합니다.

안창호의 표현대로 1명의 황제가 다스리는 대한'제국'이 아니라,

우리 민족 2천만 명 모두가 황제가 되어

자신을 스스로 다스리는 대한'민국'을 선포한 것입니다.

그리고 일제에 독립전쟁을 선포합니다.

그 전쟁의 1회전이 봉오골 전투였고

2회전이 청산리 전투였습니다.

그래서 봉오골 전투에서 연합한 독립군들은

정식 군복을 만들어 입고 싸웁니다.

그래서 우리 국군의 뿌리가

봉오골과 청산리에서 피 흘리신 분들에게 있는 것입니다.

이 영화는 홍범도가 주인공입니다만
어떤 자리에서도 주인공이 되기를 결코 원한 적이 없는
홍범도의 바람을 따라
그 시기 조국의 독립을 위해 모든 것을 던진,
우리 선조의 아름다운 삶과 아름다운 죽음을 담으려고 합니다.
만주와 연해주를 답사하면서 우리가 지운 역사 때문에
가슴 아팠고 눈물도 많이 쏟았습니다.
독립운동사, 논문, 평전, 학술강연, 소설, 동영상 등을 통해
공부를 꽤 하고 객관성을 확보하려고 애썼습니다.

남북으로 갈렸는데 또 여러 갈래로 나뉘어가는 우리가
서로 손과 손을 마주잡는 데,
조금의 기여라도 할 수 있는 영화로 만들려고 합니다.
오늘날 우리의 정체성과 우리가 이룬 것의 힘의 뿌리를 밝히는,
재미와 의미가 있어서
모두가 두고두고 보아야 하는 영화로 만들겠습니다.

1

카자흐스탄, 크즐오르다 고려극장 앞 (밖, 새벽)

1941년 6월, 카자흐스탄 크즐오르다 — 자막과 함께,

이른 새벽, 좀 황량한 크즐오르다 시내가 보이고

한글과 노어로 '고려극장' 간판이 붙은 건물이 눈에 들어온다.

수위복을 입은 노인이 극장 앞길을 빗자루로 쓸고 있다.

카자흐인, 슬라브인 등 몇몇이 지나는 가운데

신문 배달하는 고려인 소년이 달려와

노인에게 "장군님, 안녕하세요?"라고 경례를 하며 신문을 건넨다.

노인이 몸을 낮추고 "오, 김 대장도 안녕하신가요?"라고

장난스레 경례하며 신문을 받는다.

노인이 멀어지는 소년의 등을 바라보며 흐뭇하게 웃다가

한글 신문 〈레닌의 긔치〉의 1면 기사 제목이 눈에 들어오자

놀라서 빗자루를 놓고 두 손으로 신문을 똑바로 든다.

신문 너머 주름이 깊게 팬 얼굴을 한 노인은

73세의 고려인 홍범도다.

2

홍범도의 집 (안, 새벽)

누군가 옷 갈아입는 소리가 나직하게 들리는 가운데

카메라가 어둡고 남루한 집, 거실 탁자 위에 나란히 놓인,
잘 관리된 '마우어 C96' 단총 1정과 '모신나강' 소총 1정을 잡는다.
단총에는 'От Ленина-Фон Бом До'*라고 새겨져 있다.
총 밑에 펼쳐져 있는 〈레닌의 귀치〉 1면은
1941년 6월 22일, 독일이 소련을 침공했음을
큰 활자로 알리고 있다.
카메라가 벽에 걸린 낡은 거울을 비추면
낡은 군모를 단정히 쓴 홍범도가
옆으로 길게 자란 콧수염을 빗으로 가지런히 다듬고 있다.
카메라가 빠지면
수위복에서 오래된 낡고 긴 군복 외투로 갈아입은 홍범도가
단총을 집어 어깨 줄에 달린 총 지갑에 조심스럽게 밀어 넣고,
소총을 한 손에 들더니 몸을 돌려 밖으로 나간다.
엄청난 장신에다 나이에 비해 몸도 무척 곧아
당당한 느낌을 준다.

3

크즐오르다 당 위원회 (안, 아침)

회의실 중앙, 커다란 스탈린 사진 아래 슬라브인 위원장 주재로
슬라브인, 카자흐인, 코사크인 등 여러 민족 출신 사람들이
전쟁이 발발한 탓인지 긴장한 얼굴로 둘러앉아
열띤 회의를 하고 있다.

* '레닌으로부터 홍범도에게'라는 뜻

문이 벌컥 열리며 홍범도가 당당하게 들어선다.

위원장 (노어)

(의아한 표정으로 일어서며)

… 홍 장군이 어쩐 일이시오, 그런 차림으로?

홍범도 (노어)

독일이 침공했소. 싸우게 해주시오.

내가 고려인들로 부대를 조직하겠소.

위원들 모두 어이가 없다는 표정을 짓다가 실실 비웃기 시작한다.

위원장

(다가오며)

하하하! 장군님, 연세도 생각하셔야지요.

장군님은 후방에서 도와주시는 걸로 충분합니다.

홍범도

(두 손으로 소총을 위원장에게 겨누며)

진짜 충분하오?

움찔하는 위원장을 뒤로하고

홍범도가 총부리를 돌려 창가로 다가간다.

열린 창 너머로 위원회 건물 밖,

정원 사이 정문으로 이어지는 통로가 보인다.

홍범도가 총을 겨눈다.

통로 한가운데 백 보는 떨어진 곳에 보드카 1병이 세워져 있고
병 위에는 엄지손가락만 한 러시아 인형, 마트료시카가
올려져 있다.
위원들이 모두 창가로 몰려가 총을 겨누는 홍범도와
멀리 아득하게 통로에 세워져 있는 보드카 병을
놀란 얼굴로 번갈아 쳐다본다.
홍범도가 무표정한 얼굴로 총을 발사한다. 탕!
병은 그대로 있고 인형이 산산조각이 나며
천천히 넓게 날아간다….

홍범도

(총을 내리고 돌아서며)

4년 전, 연해주에서 일본 놈들과 싸우던 우리 고려인 18만 명이
이곳 중앙아시아로 끌려와 얼어붙은 허허벌판에 던져졌소.
우리의 원수인 일본 놈들과
얼굴이 비슷해 보인다는 이유로 말이오.
소련이 일본과 불가침협정을 맺은 것은 알고 있소만,
독일이 일본과 연합했으니,
독일은 소련의 적이자 우리 고려인의 적이오.
내가 아직 적군 100명은 쏴 죽일 수 있소.
… 그리고 난 적의 총에 맞아 죽는 게 소원이오….

4

당 위원회 정원 (밖, 아침)

홍범도가 쓸쓸하게 위원회 건물 현관을 빠져나오고 있다.

홍범도 뒤로 건물 2층 창가에는 위원들이

여전히 홍범도를 내려다보고 있다.

더러는 넋이 나간 얼굴로 손뼉을 치고 있기도 하다.

홍범도가 통로를 걸어 보드카 병이 세워져 있고

인형의 잔해가 흩어져 있는 곳을 지난다.

홍범도의 얼굴이 역광을 받아 더욱 늙고 쓸쓸해 보인다.

홍범도

(울음이 섞인 목소리로, 속으로)

… 난 왜 살아남았을까? 왜 그때 동지들과 함께 죽지 못했을까?

(하늘을 올려다보며)

어서 나를 불러주게, 김수협 동지…!

화면 어두워지며, 제목 자막 **〈범의 길 1920. 독립전쟁〉**이 뜬다.

s#1

금강산 서쪽 입구 단발령 (밖, 낮)

1895년 가을, 금강산 단발령 — 자막과 함께,

화면 가득 커다란 호랑이 한 마리가 포효하더니 천천히 다가온다.

29세의 선비풍의 외모를 지닌 김수협이

화승총을 겨누고 있으나 손끝이 떨리고 있다.

27세의 젊은 홍범도가

옆에서 침착하게 화승에 불을 붙여주고 있다.

호랑이가 점점 가까이 다가오다가 달려오기 시작하고

범도가 화승 타들어 가는 속도에 맞추어

손가락을 까딱까딱하다가 멈추자

수협이 방아쇠를 당긴다. 탕!

탄환이 호랑이의 이마에 튕기고,

어느새 옆에 놓여있던 스나이더 소총을 어깨에 밀착한 범도가

침착하게 발사한다.

탄환은 날아오른 호랑이의 눈과 귀 사이 급소를 파고든다.

수협은 하얗게 질려 머리를 땅에 처박고,

범도는 여전히 앞발을 치켜들고 달려드는 호랑이를

왼팔로 안으며

오른손으로 뽑아 든 단도를 호랑이의 목에 깊이 박아 넣으며

쓰러지는 호랑이 밑에 깔린다.

수협

(호랑이를 밀쳐내고 단도의 피를 닦아내는 범도를 보며)
… 소문대로 진짜 대단한 범 포수이십니다.

범도

진짜 선비 출신 맞습니까?
사시나무 떨 듯하더니 쏘는 순간의 침착함은 놀라웠습니다.

(수협의 사타구니 쪽을 살피며)
이 정도 범이면 어지간한 포수도 오줌을 지리는 게 보통인데…
범 포수가 된 걸 축하합니다!

수협

(두 손으로 사타구니를 가리며)
제가요?

범도

먼저 쏜 자의 몫이 8할, 나중 쏜 자의 몫이 2할입니다.
그러니 이제 범 포수가 된 것입니다.

수협

대장으로 모시겠습니다. 저는 참모장입니다.

범도

두 살이나 적은 제가 어찌 대장을 하겠습니까?

수협

왜놈들과 전쟁을 시작하는 마당에 나이가 중요하겠습니까?
말도 놓읍시다, 대장!

범도

하하하!
내일은 우리 참모장 총이나 무라타 소총으로 바꿉시다.

단발령 부근 포수막 (밖, 밤)

수협 (off screen sound)

… 난 고향 황해도 구월산에서

기껏 여우나 너구리 잡으며 놀았지만

넌 평양 군영에도 있었다면서

왜 금강산까지 와서 혼자서 몇 년을

왜놈들과 싸우고 있었던 거야?

사람이 접근하기 어려운 절벽 중간,

범도의 비밀스러운 포수막 앞에서 범도와 수협이

연기가 나지 않는 때죽나무 가지로 모닥불을 피우고

마주앉아 있는 것이 멀리 보인다.

불 위에는 멧돼지 고기가 익어가고 있고,

불 옆에는 그사이 일본군한테 탈취한

무라타 소총 2정과 범도의 스나이더 소총 1정이

삼각뿔 모양으로 겹쳐 세워져 있는 것이 보인다.

범도

여기 금강산 서북쪽이 태백준령에서 유일하게

원산에서 서울 가는 계곡이 이어지는 곳이니

왜놈들 출몰이 잦은 곳이잖아….

수협

그게 전부야?

범도

… 그러는 넌, 서당만 열었어도 먹고 살았을 텐데
어린 아들도 있다면서 왜 포수가 된 거야?

수협

(수염으로 가리려 했지만, 칼자국이 선명한 얼굴의 미간을 좁히며)
… 대장부터 솔직하게 말하면 나도 말할게.

범도

(불빛에 언뜻 슬픈 표정이 스친다.)
… 어찌어찌 요 너머 금강산 신계사까지 흘러 들어갔다가
거기서 아내를 만났어.
… 뱃속에 아이도 생겼는데, 원산 현동 장터에서 아내를 잃었어.
난 내 여자도 지키지 못한 한심한 놈이야….

s#3

원산 현동 장터 (밖, 낮)

범도의 회상

24살 신혼의 범도가 예쁘고 당차 보이는 아내 이옥구와 함께
피혁도가에 넘길, 여우와 담비 가죽을 어깨에 메고
장터를 다정하게 걷고 있다.
사람들 눈치를 보며 아내의 봉긋한 배도 살짝 쓰다듬었다가

슬쩍 손도 잡는다.
지나가는 양반이 "이, 이런 천하의 상것들 같으니라고….'' 하면,
얼른 손을 놓기도 하며 마주보고 낄낄 웃는다.
마냥 행복해 보이는 범도의 얼굴이 곧 굳어진다.

대여섯 살 여자아이가 비명을 지르는 가운데,
보부상 패거리들이 젊은 아낙을 발로 걸어차고 있다.
아낙의 품에서
산삼, 더덕, 황기, 맥문동 같은 약초 뿌리가 흩어진다.

아낙네

(바닥을 기어 약초를 주우며)
남편이 광산에서 다쳐 누워있어요.
이거 팔아 치료비에 보태려고 하니 제발 봐주세요.

범도

(이옥구를 돌아보며 어깨에 걸친 피혁을 건네며)
먼저 피혁도가에 가 있어!

옥구

여보!

범도를 향해 손을 뻗는 옥구의 놀란 얼굴이
천천히 인파로 가려지고
범도는 달려가 재차 아낙을 걸어차려는 보부상을
그대로 날려버린다.

한꺼번에 달려드는 보부상 패거리를 범도가

맹렬하게 해치우는 가운데

일본도를 찬 왜놈 낭인들까지 떼거리로 나타나 달려들고,

범도는 피떡이 되어 처참하게 무너진다….

s#**2-2**

다시, 단발령 부근 포수막 (밖, 밤)

범도

… 그놈들 그냥 보부상이 아니라 일진회 소속 폭력 조직이었어.

수협

공진회共進會!

그놈들 윗선이 이번에 명성황후를 참혹하게 시해한

일본 우익 현양사玄洋社 놈들이야.

범도

그래?

수협

(갑자기 장난스럽게 범도를 이리저리 살피며)

공진회 놈들한테 살아남다니! 너 유령 아니지?

범도

죽을 때가 아니었나 보지….

수협

제수씨 고향, 북청에는 가봤어?

범도

(힘없이 고개를 끄덕이며)

여러 번…. 아내도 그놈들한테 끌려간 것 같아….

(표정이 단호해지며)

일단 왜놈 100명을 없애고 다음을 생각하기로 마음먹었어….

수협

몇 명 남았어?

범도

아직 멀었어.

수협

혹시… 제수씨는 너랑 반대로 생각하는 거 아닐까?

범도

(의아하게 쳐다본다.)

수협

왜놈 낭인들까지 수십 명이 달려들었고,

네가 시체가 되어 버려졌으니,

장터에도 죽었다고 소문이 났을 테고,

네가 쓰러져 정신이 없던 몇 달 동안,

제수씨도 너 미친 듯이 찾아 헤매다가 결국 죽은 걸로 생각하고

어디 숨어 사는 거 아닐까?

범도

…넌 살아있다고 믿는구나?

수협

너도 살아있다고 믿으니까 제수씨 기다리며
3년이나 금강산 안 떠나고 혼자 싸운 거 아냐?

범도

(눈물을 참으며 고개를 끄덕인다.)
어디에 있든… 살아만 있다면….

수협

아이고, 우리 대장 우네, 울어….
제수씨 다시 만나는 그날까지,
나랑 그 100놈부터 후딱 해치우자고!

범도

우 씨, 근데 왜 제수씨야? 형수씨지!

수협

대장님, 그건 제 나이로 정하는 거거든요!

범도

음….

회양군과 고산군 사이 철령 (밖, 낮)

범도 (narration)
왜놈들이 명성황후를 불태우고, 백성의 상투를 자르게 한
1895년 가을,
김수협과 나는 둘이서 저격의병대를 창설하고
태백준령에서 전투를 시작했다….

계곡 아래 각반을 찬 순사와 함께 일정한 간격으로
일본군 1개 분대가 들어선다.
앞쪽 위에 매복한 범도가 대열 끝 너머 하늘을 바라본다.
매가 한 마리 돌고 있을 뿐이다.
범도가 뒤따라오는 병력이 없다는 수신호를 한다.
반대편의 수협이 알았다는 수신호와 함께
범도와 엇갈리게 대열 맨 앞의 순사를 겨눈다.
범도는 대열 맨 뒤의 일본군 분대장을 겨누더니 바로 발사한다.
바깥에서 안쪽으로 한 명씩 차례로 쓰러트린다….

시간 경과
계곡 아래에서 범도와 수협이 쓰러진 일본군으로부터
총과 탄약을 회수한다.

수협

열네 놈! 금방 100놈 채우겠는데.

범도

(빙긋이 웃는다.)

범도 (narration)

노획한 총기만큼 대원이 늘어 우리 부대는 곧 42명이 되었고
주로 백발백중 명포수들이었던 우리는
당시 최강의 저격의병대였다.

s#5

안변 석왕사 아래 숲 (밖, 낮)

수협 (off screen sound)

드디어 전국의 선비들이
'호좌의진 湖左義陣'이라는 깃발 아래 거병했고,
유림의 거두이신 창의대장 유인석 대감께서
우리 부대의 합류를 요청했소.

무라타 소총이나 스나이더 소총으로 무장한,
당당해 보이는 42명의 의병대원이
경사진 곳에 둥그렇게 모여 앉아 무표정한 얼굴로 듣고 있다.

최만술 (40대, 거친 얼굴)

… 나는 싫소.

유인석 대감의 부장들은 대부분 민보군民保軍을 조직해,

재작년 우리 동학농민군을 진압하는 데 앞장선 자들입니다.

상전 행세나 하는 그런 자들을 위해 싸우고 싶지 않습니다.

수협

(유인석이 친필로 쓴 격문 '격고팔도열읍擊告八道列邑'을 흔들며)

호좌의진은 항일 의병을 대표하는 조직으로,

지금 충청도와 강원도를 장악해서 기세를 올리고 있습니다.

우리가 힘을 합쳐 세력을 더 키워야

전국 각지에서 너도나도 들고 일어설 것입니다.

왜놈과 제대로 크게 붙어 봅시다!

박종달 (27세, 선한 얼굴)

의병이 천오백이 넘으면 무얼 합니까?

화승총이라도 든 자는 절반도 안 될 터인데….

우리가 싸우는 데 짐만 될 뿐입니다.

범도

… 나는 그냥 왜놈들과 싸우기만 하면 됩니다.

… 다수결로 합시다.

대부분 천천히 손을 든다.

최만술과 범도와 동갑인 박종달은 손을 들지 않고 고개를 숙인다.

10대 중반의 앳된 박점돌은 비장한 얼굴로 손을 번쩍 높이 든다.

박점돌 옆, 체구가 작은 박점순은
손을 들지 않은 채 손을 든 범도를 빤히 노려본다.
잘 보면 남장을 한 10대 후반의 여자다.

범도 (narration)

호좌의진은 총이 아니라 '춘추대의'로 싸우는 부대였다.

서울에서 관군이 투입되자 밀리기 시작했고

일본군이 투입된다면 궤멸할 것이었다.

s#6

충주성 (밖, 아침)

아침 해가 밝아오는 가운데
'호좌의진 湖左義陣', '춘추대의 春秋大義',
'존화양이 尊華攘夷', '위정척사 衛正斥邪' 등
여러 깃발이 휘날리고 있다.
다섯 개의 진陣을 나타내는 깃발인
인仁, 의義, 예禮, 지智, 신信 깃발은 진별로 떨어져 있고
각 진의 병사는 대부분 지쳐 곯아떨어져 있고
부상자도 넘쳐난다.

54세의 꼬장꼬장해 보이는 유학자 유인석이
40대의 야비하게 생긴 참모장 전성준과
참모가 된 김수협 등을 대동하고

29

신信 깃발이 휘날리는 진으로 향한다.

신진信陣

병사들이 대부분 곤한 잠에 빠진 가운데,
신진의 부장 범도가 최만술 등 참모 몇 명과 함께
펴놓은 지도를 둘러싼 채 서 있다.
땀이 범벅인 어린 점돌이 손가락으로 지도를 가리키며
무언가 보고를 하고 있고,
유인석이 들어서자
모두 차례 자세를 취하고 범도가 대표로 경례를 한다.

유인석

어제 전투, 홍 부장 신진의 공이 컸소.
오늘 새벽 관군이 다 물러갔다고 하오.

범도

… 대신 곧 하세가와 요시미치 휘하의
일본군 정예부대가 올 겁니다.

유인석

(얼굴이 굳어진다.)
정찰대장의 보고가 아직 올라오지 않았는데 어떻게 아는가?

범도

(곁에 서 있는 어린 점돌을 바라보며)
우리 정찰대원이 막 첩보를 가지고 와서

보고드리러 가려는 참이었습니다.

전성준

따로 정찰대원을 부리고 있다는 말이오?

유인석

(전성준 말을 자르며)

바로 내 막사에서 확대 참모 회의를 열겠소.

범도

저, 부탁이 있습니다.

저랑 함께 온 부대원들이 신식 무기를 가지고 있다 보니까

각 진에 고루 분산 배치되어 있지 않습니까?

저에게 다시 모아주셨으면 합니다.

전성준

감히, 그게 무슨 말이오?

수협

(말을 자르고 앞으로 나서며)

일본군과는 수성전守城戰을 하면 안 됩니다.

성 밖으로 나가 유격전을 해야 하는데,

홍 대장님이 선봉에 서시겠다는 말씀입니다.

유인석

일단 참모 회의에서 다시 이야기합시다.

이때 박종달이 '홍 대장!' 하면서 뛰어 들어오다가

유인석을 보고 놀란다.

전성준

신진은 군율이 엉망이군.
왜 부장을 다 대장이라고 부르는 것이야?

범도

박 포수, 무슨 일입니까?

박종달

… 의진에서 점순이를 포박했습니다….

범도

뭐라고?

점순의 동생 점돌이 놀라서 먼저 뛰어나간다.

의진義陣

남장을 한 점순이 포박당한 채 무릎 꿇려 있고,
의진의 부장 30대 후반의 강단 있어 보이는 안승우가
유인석과 참모들, 범도, 최만술, 박종달, 점돌이
다가오는 것도 모르고 호통을 치고 있다.

안승우

홍범도, 이 자는 상것을 특별대우하여 부장까지 올려주었더니
해괴망측한 짓을 벌이는구나!

32

범도

우리 박점순 포수가 무엇을 잘못했습니까?

안승우

(돌아보고 먼저 유인석에게 경례하고는

범도를 노려보더니 다시 유인석에게)

이 자가 감히 아녀자를 우리 호좌의진에 잠입시켜

풍속을 심히 어지럽혔습니다.

유인석

허허, 군신이 유별하고 반상이 유별하고 남녀가 유별하거든,

춘추대의의 깃발 아래 어찌 아녀자가 끼어들었단 말인가?

전성준

홍 부장, 네 놈이

달거리하는 이 요망한 계집을 끌어들인 게 맞느냐?

네 계집이라도 되는 것이냐?

범도

말 가려 하시오!

전성준

(범도의 서늘한 눈빛에 움찔한다.)

범도

(유인석을 돌아보며)

유림이 그토록 우러러 받드는 명나라에서도

여자를 장군에 임명한 적이 있다고 들었습니다만….

유인석

… 명의 마지막 황제 숭정제께서

진양옥이라는 병법에 특출난 여자를

총병관에 임명한 적이 있는 건 사실이오.

전성준

(가소로운 듯 범도에게)

어찌 감히 이 천한 것을 진양옥과 견준단 말이냐?

범도

천한 것이 아니라 똑같이 귀한 사람이오!

(점순을 돌아보며)

금강산 범 포수의 딸 박점순, 일어나라!

네가 진양옥만큼 특출났다는 것을 보여줘라.

전성준

이, 이것들이 감히 떼로 항명하는 것이냐?

점순이 언제라도 풀 수 있었던 듯, 쉽게 포승을 벗어던지고
단호한 표정으로 일어선다.

범도

(전성준과 안승우를 차례로 돌아보며)

총솜씨가 호좌의진 최고라는 안 부장께서

우리 박 포수와 한 번 겨루어 보시지요.

안승우

네, 네 놈이 감히 나를 능멸하는 것이냐?

범도

박 포수가 지면 제 목숨을 내놓겠습니다.

전성준

(안승우에게)

간단히 끝내서 부장은 아무나 하는 게 아니란 걸

보여주는 건 어떠신가?

범도

(멀리 떨어진 장독대를 가리키며)

마침, 저기 80보 정도 거리에 옹기들이 놓여있습니다.

오른쪽 끝에 있는 같은 크기의 작은 옹기 2개를 표적으로 하지요.

유인석

(자존심 상해하는 안승우에게 해 보라며 고개를 끄덕인다.)

시간 경과

안승우가 능숙한 자세로 서서 무라타 소총을 발사한다.

옹기 하나가 박살 난다.

안승우가 씩 웃으며 돌아서고, 모두 손뼉을 친다.

전성준과 안승우가 비웃는 눈길을 보내는 가운데,

점순이 자세를 취하더니,

점순

제 표적 위에 마침 종지가 하나 놓여있네요.

안승우가 놀라 눈이 커지고, 점순이 바로 발사한다.
옹기 위의 작은 주먹만 한 종지가 박살 난다.

범도

(안승우에게)

안 부장께서도 더 해 보시겠습니까?

아니면 박 포수를 저에게 돌려보내 주시겠습니까?

안승우는 얼굴만 붉으락푸르락하다가 고개를 돌리고,
전성준도 유인석도 말이 없다.
점돌과 최만술, 박종달이 주먹을 움켜쥐며
점순을 향해 미소를 짓는다.
범도를 바라보는, 눈물이 번져있던 점순의 얼굴에도
미소가 번진다.

s#7

제천성 부근 산악지대 (밖, 해 질 무렵-밤)

범도의 신진이 앞쪽 낮은 능선 아래 매복해서
치열한 총격전을 벌이고 있다.
아래에서 일본군 3개 소대 병력이 올라오고 있고,
일본군 2개 소대는 좀 뒤 계곡 맞은편

더 높은 능선으로 향해 가고 있다.

아득히 멀리 산정에 호좌의진의 깃발들이 보인다.

검은 구름이 지나고 있다.

앞쪽에 분산 배치된 저격의병대 12명은

정확한 조준사격만 하고 있고,

사이사이 배치된 화승총을 든 20명 정도의 의병 옆에는

장약과 화승을 맡은 의병이 좌우에 한 명씩 붙어

3명이 한 조가 되어 침착하게 싸우고 있다.

한 명이 쓰러지면 다른 한 명이 총을 잡는다.

일본군은 후방 기관총의 도움을 받으며 마구 총을 쏘며

조금씩 다가오고 있다.

점순

(왼편의 범도를 돌아보며)

대장, 맞은편 의진이 싸우지 않고 있어요!

범도가 천리경을 들어 맞은편 능선을 바라본다.

의진이 능선에서 대기하고 있다가 내려오지 않고

바로 퇴각하고 있다.

멀리 본진을 본다. 깃발들이 사라지고 있다.

갑자기 위에서 수협이 헐레벌떡 뛰어와 범도 옆에 선다.

범도

본진 참모가 여기는 어쩐 일입니까?

참모장 전성준이 첩자였습니다. 일본군 쪽으로 달아났습니다.
우리 전술이 다 노출됐고, 의진은 곧 포위될 겁니다….

이런 죽일 놈…

시간 경과

총성이 멈추고 밤이 되었다.
범도, 수협, 최만술과 박종달, 점순과 점돌이 작전을 짜고 있다.

곧 비가 올 거다. 화승총을 쓸 수 없게 된다.
화승총 사수들은 이 방향으로 1선에 서서
2교대로 총알을 재빨리 다 쓴 후,
2선에 있는 우리 저격의병대 뒤로 물러서고,
우리가 이 방향 계곡으로 돌진하는 동안,
모두 저 방향 능선 너머로 퇴각한다.
거기는 아직 닫히지 않았을 거다.
점순이와 점돌이가 퇴각 대열 선봉에 선다.

싫어요!

(봉인된 서한을 내밀며)

유인석 의병장의 밀지다. 금강산 신계사 지담 스님에게 전해라.

점돌

진짜예요?

범도

이 녀석이 언제부터 대장 말을 의심했어?

점순

(눈물을 흘리며)

난 절대 안 가! 대장 곁에서 싸울 거야!

최만술

점순아, 너 이 오빠 말 고분고분하게 들은 적 한 번도 없지?

이번 한 번만 들어!

너희가 저 의병들을 살려야 하는 거라고!

박종달

점순아, 점돌아, 너희가 사는 게 우리 저격의병대가 이기는 거야.

수협

(묵묵히 있다가 조심스럽게 무슨 말을 하려는 찰나)

최만술

김수협 동지! 우리 저격의병대로 돌아와 주어 든든하오.

제대로 크게 싸우게 해줘서 진짜 고맙고!

수협, 범도

…….

시간 경과

갑작스러운 아군의 화승총 사격에 일본군 진영도 혼란에 빠지고

곧 비가 쏟아지는 가운데

범도의 저격의병대가 계곡 아래로 총을 난사하며 달려간다.

적의 총소리 가운데 이따금 떵! 하는 기분 나쁜 소리가

낮고 길게 퍼진다.

범도 (narration)

나도 피격당했다.

s#8

아래 계곡 (밖, 새벽)

카메라가 비가 쏟아지고 있는, 운무가 가득한 계곡을 훑고 있다.

최만술과 박종달을 비롯한 대원들이

곳곳에 일본군 총에 맞아 널브러져 있고

빗물이 피를 씻어내고 있다.

짙은 핏물을 따라 카메라가 바위틈으로 다가가면

범도가 눈을 감은 채 누워있다.

범도 위에 수협이 범도를 안은 채 겹쳐 있다.

수협의 등은 총구멍이 여러 개다.

어느 순간, 죽은 줄 알았던, 귀밑 경혈에 총상을 입고 기절했던

범도가 천천히 눈을 뜬다.

꼼짝하지 않고 눈만 껌뻑이고 있는 범도의 얼굴로

40

비가 계속 쏟아진다.

범도 (narration)

100명은 진즉 채웠지만, 동지들 몫이 새로 생겼다.

나는 다시 단독 저격의병이 되었다.

s#9

원산 일본군 분견대 (밖, 밤)

범도 (narration)

일본군에 쫓겨 연풍 금광에서 오래 일을 하기도 했다.

다이너마이트를 조금 훔칠 수 있었다.

일본군 분견대를 뒤로하고

키가 큰 사내가 성큼성큼 걸어오고 있다. 범도다.

뒤로 분견대에서 다이너마이트가 터져 엄청난 폭발이 일어난다.

범도가 몸을 돌려 총을 겨눈 후,

살아서 밖으로 튀어나오는 일본군을

조준사격으로 하나씩 쓰러트린다.

범도 (narration)

이 일로 의심을 사 왜놈들에게 체포되어 심한 고문을 받았으나,

진짜 홍범도라 불리는 자가

다른 일본군 분견대를 박살 내는 사건이 또 발생했다.

아마도 강원도의 신돌석 의병장 아니었을까?
덕분에 나는 가짜 홍범도가 되어 살아나올 수 있었다.

s#**10**

원산 관아 (안뜰, 밤)

관아의 구석진 담을, 복면한 사내가 가볍게 넘어와,

가장 안쪽 좌수의 방에서 흘러나오는 불빛을 향해

조심스럽게 다가간다.

방에서는 여름날 개의 헐떡임 같은 소리가 새어 나오고 있다.

마루에 사뿐히 올라선 복면 사내가 리볼버 단총을 꺼내 들고

문을 슬며시 열고 들어선다. 범도다.

범도와 뒤늦게 눈이 마주친 알몸의 여자가 얼어붙고,

범도가 총을 겨눈 채 소리를 내지 말라는 손짓을 하자

여자가 이불을 끌며 뒤로 물러서고,

몸을 돌리는 사내의 입에 범도가 총을 집어넣는다.

호좌의진의 참모장이었던 전성준이다.

범도

(복면을 벗으며)

좌수가 되다니 출세했구나, 전성준.

이름까지 바꿔서 찾느라 오래 걸렸다.

전성준이 벌벌 떨며 한마디 하려고 하자 범도가 총을 빼준다.

42

청일전쟁에서 청나라가 일본에 속절없이 무너지는 꼴

보지 않았소?

홍장군, 일본과 싸우는 거 어차피 안 될 일이오.

곧 조선 주차군사령관으로 올, 하세가와 요시미치 육군 중장이

홍 장군을 높이 생각하시니 같이….

탕! 범도가 그대로 발사한다.

방 밖에서, 번쩍하는 불빛과 함께 두 번째 총소리가 들리고

다시 어두워진다.

s#11

금강산 신계사 (안팎, 새벽)

1899년, 금강산 신계사 — 자막과 함께,

아침 햇살이 들기 시작해 뒤로 펼쳐진 금강산 일만이천 봉우리가

환상적으로 보인다.

대웅전에서 목탁 소리가 들린다.

대웅전 안

불상 앞에서 지담 스님이 목탁을 두드리고 있고

범도는 옆에서 108배를 올리고 있다.

지담

(목탁 치는 사이)

유점사에는 들르지 않을 생각이냐?

범도

(땀을 흘리며 허리를 숙이는 사이)

… 저를 따라오려고 할 것입니다.

스님이 승병을 키우시고 있는 거 알고 있습니다.

점순이와 점돌이가 스님에게 도움이 될 겁니다.

지담

… 이순신 장군님처럼 질 싸움은 하지 마라.

범도

…….

지담

… 개마고원으로 가거라.

떠돌이 스님한테서 개마고원 초입에 사는,

어느 과수댁에 관한 이야기를 들었다….

범도

(엎드려서 손바닥을 위쪽으로 하는 자세를 취하다가 그대로 숨이 멎는다.)

s#12

개마고원 입구 후치령 부근 산간마을 (밖, 낮)

함경도 북청에서 백두산 쪽 삼수, 갑산 가는 방향,

후치령 부근 한 오르막길을
바랑을 맨 범도가 걸어가고 있다.
범도의 위로 10호 정도의 작은 마을이 보인다.
길가 커다란 나무 근처에 줄로 묶어둔 송아지가 풀을 뜯고 있다.
나무 그늘, 바위 위에 걸터앉아 어린 소년이
또박또박 소리 내서 책을 읽고 있다.
범도가 소년을 기특하게 쳐다보며 지나려다가
무슨 느낌이 들었는지 몸을 돌려 다가간다.

범도

(몸을 낮추며)

몇 살인데 글을 읽을 줄 아느냐?

소년이 범도를 경계하며 책을 덮는다.
〈소년한반도〉라는 낡은 잡지다.

소년

(일어나 깍듯하게 허리를 숙여 인사한 후)

여덟 살입니다. 한글은 어머니한테 배웠습니다.

범도

… 네 이름이 뭐냐?

소년

홍양순입니다.

두 사람 사이, 멀리서 젊은 아낙이 범도와 소년을 향해
조심스럽게 다가오고 있다.
손에는 단총이 들려있다.

범도

(양순의 손을 잡으며)

… 어, 어머니 집에 계시느냐?

소년이 다가오는 아낙을 발견하고 고개를 돌린다.
범도도 따라서 고개를 돌린다.
다가오던 아낙이 멈칫하더니 눈이 점점 커진다. 이옥구다.
옥구가 단총을 내던지고 달려오기 시작한다.
범도의 눈에 눈물이 핑 돈다.
옥구가 커다란 범도의 품으로 뛰어든다.
범도가 옥구를 번쩍 들어 안고
"으아아아아~!" 깊은 울음을 토해낸다.

범도 (narration)

사냥하고 농사도 지으며 보통의 남편과 아비로 살았다.
곧 둘째 용환이도 태어났다.

화면 어두워진다.

후치령 아래 항일연합포수연대 기지 (밖, 낮)

범도 (narration)

이토 히로부미가 통감으로,

하세가와 요시미치가 주차군사령관으로 들어와

1905년 을사늑약으로 외교권을 빼앗고,

1907년, 해아(海牙, 헤이그)밀사사건을 빌미로

고종을 폐위하고 군대를 해산하고,

의병을 막기 위해 포수들의 생계 수단인

총포와 화약까지 압수하자

나는 개마고원의 포수들과 항일연합포수연대를 조직했다.

위성사진이 백두산에서 남쪽으로

개마고원의 혜산, 삼수, 갑산, 후치령, 북청을 훑다가

후치령 옆 울창한 숲속으로 쓱 다가간다.

1907년, 함경도 후치령 — 자막과 함께,

포수들이 "진위대다!" 소리를 지르며 총을 높이 들어

환영하고 있는 가운데

대한제국의 정규군인 진위대 소대 병력이

"하나! 둘! 셋! 넷!" 구령에 따라 열과 오를 맞추어

당당하게 행군해 오고 있다.

60대 후반 포수연대 총대장 임창근이
혼자 긴장한 얼굴을 하고 있다.
참모장 39세 홍범도,
얼굴에 총상이 있는, 제천성 전투에서 범도와 함께 살아남은
훈련대장 박종달,
큰 키에 천리마 같은 인상의 정찰대장 30대 초반 한두찬,
성숙해진 청년 저격대 대장 점순, 늠름해진 전령대장 박점돌,
삼수 포수연대 대장 30대 차도선,
갑산 포수연대 대장 30대 태양욱,
북청 포수연대 대장 20대 후반, 선비 출신의 잘생긴 유기운 등이
환호로 진위대를 맞이하고 있다.
지휘부 뒤로 크지 않은 태극기와 호랑이가 그려진
'항일연합포수연대' 깃발이 휘날리고 있다.
'포수의 총은 포수에게', '대한의 군대는 대한에게'라고 쓰인
깃발도 보인다.
제 몸 가누기도 힘들어 보이는
늙은 포수들로 이루어진 노포수 분대는
구석에 구부정하게 앉아 흐뭇하게 천천히 손뼉을 치고 있다.

임창근

(다들 환호하는데 혼자 긴장하고 있다가 우거지상을 쓰며 범도를 돌아본다.)
야, 홍범도! 대장, 네가 하라고 했지?
내가 정규군을 어떻게 지휘하냐고? 뭘 알아야지!

범도

아, 또 그러신다.

그동안 총대장님이 중심을 잘 잡아주셔서

여기까지 온 거 아니에요?

북청 진위대 부위, 30대의 날렵해 보이는 윤동섭이

"부대 차렷! 경례!"를 외치고,

임창근과 범도 등 지휘부가 앞에 서서

그리고 둘러싼 모든 포수가

군인들과 같은 동작으로 경례를 받는다.

경례를 마치고 누구랄 것 없이

서로 얼싸안고 소리를 지르기 시작한다.

함성이 이어지는 가운데 카메라가 부감으로 빠지면

후치령 좌우의 봉우리들이 보인다.

범도 (narration)

다시 의병대가 되었다.

지형이 손금이었고, 총이 세 번째 손이었던 우리는 연전연승했다.

s#14

후치령 일대의 봉우리 (밖, 낮)

카메라가 다시 내려오면,

후치령을 사이에 두고 오른쪽 가장 높은 봉우리인 후치봉과

왼쪽 위 갑산 방향 검덕봉, 왼쪽 아래 북청 방향 남산봉,

49

3개의 주봉이 삼각형 모양으로 늘어서 있는 곳, 곳곳에서
포수연대와 끝없이 밀려드는 일본군의
대대적인 전투가 벌어지고 있다.

한두찬

(점돌과 함께 헉헉대며 달려와)

후치봉을 빼앗겼습니다!

일본 증원군이 북청에서 올라오는 중이라

빨리 되찾지 않으면 승산이 없습니다.

임창근이 천리경을 보고 있다.
후치봉에서 일본군이 38식 기관총으로 서른 발씩 연발로
검덕봉과 남산봉 허리에 있는 아군을 향해 난사하고 있다.
임창근이 천리경을 범도에게 넘긴다.
후치봉에서 일본군이 달아오른 기관총의 총열을
물로 식히는 것이 보인다.
뒤에서 점순의 소리가 들린다.

점순

준비됐습니다! 우리가 탈환하겠습니다!

점순의 청년 저격분대 12명이 당당하게 의지를 드러낸다.

범도

(고개를 숙인 채 낮은 목소리로)

… 반 이상이 살아 돌아올 수 없다….

(고개를 들고)

내가 간다.

박종달

우리 대장 웃겨! 내가 간다.

임창근

지랄하네! 우리가 간다.

임창근이 엄지로 노포수 분대를 향해 후치봉을 가리키고
구부정한 노인들이 씩 웃으며 총을 챙겨 일어선다.

범도

왜 이러세요, 총대장님?

임창근

공 가로챌 생각 마.

네가 대장이야? 내가 대장이지.

우리, 포수 경력 다 40년 넘은 사람들이야. 살 만큼 살았잖아….

구부정한 노인네들이
갑자기 무슨 힘이 났는지 바람처럼 달려 나간다.
범도와 박종달, 점순, 한두찬, 점돌이 멍해진다.

시간 경과

윤동섭의 진위대 소대와 유기운의 갑산 포수연대,

점순의 청년 저격분대가 엄호하는 가운데

노포수들이 바람처럼 후치봉을 향해 달려 올라간다.

호랑이가 따로 없다.

총알 날아오는 간격을 아는 듯 엄폐물 사이를 잘 뛰다가

총에 맞아 고꾸라져도

그 자리에서 다른 노포수들에게 전진하라고 손짓하며

계속 총을 발사한다.

일본군이 기관총을 식히는 사이,

임창근과 동생 임헌근이 기관총을 향해 달려들고

임창근이 총에 맞고 임헌근은 마지막 기관총 사수를 쏜다.

점순이 눈물을 흘리며 총을 쏘고

박종달과 범도도 계속 조준사격을 한다.

범도 (narration)

이 후치령 전투에 이어진 삼수성 전투에서는

변방수비관구를 건설 중이던 하세가와 직할대를 격파했다.

s#15

항일연합포수연대 기지 (해 질 무렵, 안팎)

대장 막사 안, 탁자 위에

'육도삼략六韜三略'이라는 병법서가 보이고.
범도가 일지를 쓰고 있다.
북청 포수연대장 유기운이 들어온다.

유기운

대장님, 아드님이 오셨습니다.

그새 16살이 된, 범도를 닮아 키가 큰 양순이가 들어온다.

범도

(일어서며)

네가 어쩐 일이냐?

양순

(넋이 나간 얼굴에는 눈물도 말라 있다.)

일본군이 어머니를 잡아갔어요.

아버지가 산에서 내려오지 않으면 어머니를 죽이겠대요.

어머니를 살려주세요!

저는 아버지 없이는 살아도 어머니 없이는 살 수 없어요!

범도

(단총을 양순에게 겨누며)

네 놈이 어떻게 이 아비를 회유하러 올 수 있단 말이냐?

그대로 총을 발사한다.
총알이 양순의 귀를 스치고 양순이 비명을 지르며 쓰러진다.

밖에서 포수들이 놀라 뛰어 들어온다.
점순이 양순이를 끌어안고 소리를 지른다.

점순

대장님, 미쳤어요!

어떻게 양순이한테 총을 쏠 수 있어요?

이 애가 어떻게 큰 줄 알아요?

범도

… 너랑 나랑 백두산에 갔을 때,

아비를 죽은 사람이라고 생각하라고 하지 않았느냐?

아비도 네 어미가 죽었다고 생각하고 살고 있다!

s#16

성진(현 김책시) 일본군 헌병대 고문실 (안, 밤)

이미 매질과 온갖 고문을 당해 처참한 몰골의 옥구에게,

헌병 소좌가 지켜보는 가운데

헌병 군조 1명과 순사보 임재덕이

옥구의 발가락 사이 심지에 불을 붙인다.

불이 타들어 가고 살이 탄다. 옥구가 단말마의 비명을 지른다.

순사 김원홍은 불에 달군 인두까지

옥구의 얼굴에 가까이 대고 협박한다.

김원홍

… 하세가와 사령관이 관직에 작위까지,

또 군인으로 살고 싶다면 조선인 가운데 최고의 자리를 주겠다고

직접 약속했다니까.

홍범도에게 편지를 쓰겠느냐? 죽겠느냐?

옥구

(각오한 듯, 힘없이 고개를 끄덕인다.)

헌병 소좌 (일어)

독한 년, 진작 그럴 것이지….

시간 경과

처참한 몰골의 옥구가 고문실 한쪽 책상 앞에 앉아

천천히 글을 쓰기 시작한다.

글의 내용이 옥구의 목소리와 나란히 병행된다.

옥구 (voice over)

… 양순아, 엄마는 어릴 적에 한 스님이

절에 들어가지 않으면 범한테 물려 죽게 된다고 해서

절에 보내졌단다.

네 아비가 범 아니냐? 그러니 그 말이 딱 들어맞게 되었구나.

아버지의 길을 막지 마라. 범의 길이다.

김원홍이 다가와 글을 보다가 "독한 년!" 하며 글을 빼앗는다.

옥구가 결연하게 혀를 깨문다.

놀란 헌병 둘과 임재덕이 달려들어 옥구의 입을 억지로 벌린다.

아내가 나보다 먼저 떠날 줄은 몰랐다.

s#17

성진 외곽 개울가 다리 아래 (밖, 밤)

의병대의 총에 쓰러진 일본군들의 시신이 나란히 눕혀져 있다.
석유를 뿌린 듯 뒤쪽부터 앞쪽으로 불길이 옮겨오고 있다.
앞쪽에 옥구를 고문한 헌병 군조와 소좌의 시신이 보인다.

그 뒤로 나무에 묶인, 사색이 된 임재덕과 김원홍의 얼굴에
기름이 부어지고 있다.
곧 불에 활활 타오른다.

난 아내에게 불질을 한 놈들을 더 뜨거운 불로 태웠다.
공부를 잘했던 양순이는 나의 길을 가겠다고 우겼다.

s#18

개마고원 (밖, 낮)

울창한 숲, 나무 그늘 사이로

홍범도의 대부대가 빠르게 이동 중이다.
카메라가 다른 대원들에게 전혀 밀리지 않고 거침없이 달리는
점순의 뒤를 따라간다.
유기운이 점순의 꽁무니를 바로 뒤쫓고 있다.
선두에서 작은 깃발이 올라가자, 순식간에 부대가 멈추고
대원들이 재빨리 몸을 은폐한다.
아래 들판으로 말 2필이 바람처럼 달려오고 있는 것이
멀리 보인다.

말 2필이 들판을 가로질러 맞은편 숲 가장자리를 향해 달린다.

다시 숲속, 점순이 슬며시 유기운의 옆으로 다가와 엎드려
들판의 말을 향해 총을 겨누며

점순

(낮은 목소리로)

유기운, 너 부관 됐으면 대장 옆에 붙어 있어야지,
왜 내 뒤만 바짝 붙어 다녀?
내 엉덩이가 그렇게 탐스럽냐?

유기운

(눈을 깜박이며)

… 누나가 내 눈앞에 있어야 내가 누나를 지킬 수 있으니까요….

점순

뭐? 누가 누구를 지킨다고?

유기운

점돌이한테 허락받았고요. 대장님한테도 허락받았어요….

점순

뭐, 뭐? 이 인간들이 진짜…!

다시 들판, 정찰대장 한두찬이 탄 말이 앞서고,
젊은 여자가 탄 말이 뒤를 따르고 있다.
한두찬이 말을 멈추자 여자도 말을 멈추고
목에 두른 천을 올려 복면을 한다.
숲에서 몸을 감추었던 홍범도의 대부대가 모습을 드러내고
한두찬과 복면을 한 여자가 말에서 내려 홍범도에게 뛰어온다.

한두찬

대장님, 작전을 중지해야 할 것 같습니다.

범도

무슨 일인가?

복면 여자

(앞으로 나서며)

지금 북동쪽으로 이동 중이시지요?

범도

…….

복면 여자

(더 바짝 다가서며 낮은 목소리로)

연해주 연추의 안중근 부대와 연합작전을 하기로 하고,
일본군이 올라올 수 있는 남쪽 고개에 일부 병력을 매복시키고,
또 일부 병력은 성동격서로
가장 남쪽에 있는 정평의 일본군 수비대를 습격하라고
보내지 않았습니까?
서울의 주차군사령부에서 나온 정보입니다.

범도

어느 쪽에 첩자가 있다는 말인가?

한두찬

상황을 보면 저쪽일 가능성이 높습니다만….
어제 정평으로 출발한 청년 저격분대와 진위대가 위험합니다.

범도

… 안중근의 대한의군도 경흥으로 진입했을 시각이다.
그들도 위험하다.

한두찬

제가 바로 그쪽으로 가겠습니다.

범도

(고개를 끄덕이고 복면 여자에게)
고맙습니다.

복면 여자

(고개를 숙인다.)

범도

(옆의 박종달, 점순, 유기운에게)

부대, 전속력으로 정평으로 달린다.

시간 경과

한두찬과 복면 여자의 말이 들판으로 멀어지고
홍범도의 부대가 숲과 들판의 경계 길로 달리기 시작한다.
유기운은 여전히 점순의 꽁무니만 쫓아간다.

s#19

정평 바배기골 (밖, 낮)

좁은 개울을 사이에 두고, 약간 높은 구릉에 자리한 아군이
맞은편 약간 낮은 곳에 진지를 구축한 일본군과
격전을 치르고 있다.
아군은 청년 저격분대와 진위대가 개울 너머의 기관총과
구릉 양쪽에서 포위해 들어오는 적을 상대로 위기에 몰려 있다.
아군의 조준사격과 적이 마구 쏘는 기관총 소리가 뒤섞인다.
양순이 이끄는 청년 저격분대와 윤동섭이 이끄는 진위대가
구릉을 한 쪽씩 맡아 분전하고 있다.
전령대장 점돌이 양순이 옆에서 싸우고 있다.
양순과 점돌이 침착하고 정확한 사격 솜씨로
적을 한 명씩 쓰러트리고 있다.
갑자기 떵! 하는 기분 나쁜 소리와 함께
진위대의 윤동섭이 쓰러진다.

60

건너편 기관총의 측면으로
범도의 선봉대가 조심스럽게 다가오고 있다가
땅! 김수협이 죽던 밤의 귀에 익은 소리에 놀란 범도가
천리경으로 소리의 원점을 찾는다.
일본군 기관총 사수 뒤로 멀리 높은 바위 위에
저격수 둘이 엎드려
조준경이 달린 저격용 총, '스프링필드 1903'으로
멀리 맞은편 아군을 저격하고 있다.

범도
저기 기관총 위쪽이다!
점순이는 나랑 저놈들을 잡는다.
다른 대원들은 기관총을 잡는다.

범도의 손짓에 점순이 고개를 끄덕이고
범도를 따라 위로 저격수 쪽으로 달리고
박종달과 유기운을 비롯한 몇몇 대원들이
기관총 쪽으로 빠르게 다가간다.

윤동섭이 쓰러지자, 양순과 점돌이
더욱 과감하게 몸을 내밀고 사격을 시작한다.
총알이 떨어진 점돌이 고개를 숙이고 장전을 시작한다.

일본군 저격수의 총에 장착된 망원 조준경 안의 조준선 위로,

장전을 마친 후 바위 위로 고개를 내밀고
총을 발사하는 점돌이 보인다.
떵! 하는 기분 나쁜 울림과 함께 점돌의 이마에 구멍이 뚫린다.

점돌이 쓰러지는 것을 보고 이성을 잃은 양순이 상체를 더 내밀고
일본군을 향해 마구 총을 쏘며 점돌에게로 달려간다.
떵! 다시 기분 나쁜 울림이 들리지만,
다행히 총알은 양순의 옷깃을 스치고….

실패한 '스프링필드 1903' 저격수가 입맛을 다시더니
조준선에 점돌을 끌어안는 양순의 등이 다시 올라오자,
미소를 지으며 발사한다. 떵!

양순이 점돌을 끌어안은 채 쓰러진다.

양순을 맞춘 일본군 저격수가
옆의 다른 저격수와 눈을 마주치며 웃는다.
그러다 동시에 두 저격수의 머리통에 구멍이 뚫린다.

가까이 다가온 범도와 점순이 동시에 조준 사격한 것이다.

점순

(천리경으로 청년 저격분대 쪽을 살피다가 넋이 나간 얼굴로)
… 대장, 점돌이와 양순이가 안 보여요….

범도

뭐? 점돌이가 왜 거기 있어? 점돌이는 전령이잖아!

점순에게서 천리경을 뺏어 눈에 붙인 채 청년 저격분대 쪽을 보던
범도의 얼굴이 굳어진다.

s#20

항일연합포수연대 대장 막사 (안, 밤)

어두운 실내, 등잔불 아래 범도가 앉아 일지를 쓰고 있다.
글자와 더불어 범도의 목소리가 병행된다.

'1908년 6월 6일,
정평 바배기에서 일군 87명을 사살했다.
아군은 8명이 중상을 입었고, 7명이 전사했다.
김춘진, 황봉준, 임승조, 임사촌, 윤동섭, 박점돌, 홍양순'

마지막 홍양순이라 적고 고개를 드는 범도의 눈에는
물기가 반사되고 있지만
애써 무덤덤한 얼굴을 하고 있다.

범도 (narration)

하세가와 요시미치는 우리의 식량과 탄환 보급을
철저히 차단하고,
집요한 귀순 공작과 함께 대토벌 작전을 벌였고,

부족한 전과를 우리 양민의 머리로 채웠다.

s#**21**

후치령 부근 산개폭포 (밤, 해 질 무렵)

폭포수가 우렁차게 떨어지는 가운데

어디선가 구슬픈 통소 가락이 들린다.

폭포 아래 좀 떨어진 너른 바위 위에

범도가 소총을 옆에 두고 혼자 통소를 불고 있다.

범도의 얼굴이 쓸쓸해 보인다.

잠시 뒤 통소 가락에 소리꾼의 소리가 얹힌다.

범도가 씩 웃으며 계속 통소를 분다.

바위 뒤에서 명창다운 소리를 내며

박종달의 머리가 올라오고 있다.

박종달의 뒤로 정찰대장 한두찬의 머리도 같이 올라온다.

범도가 두 사람이 다가올 때까지 통소를 계속 불고

박종달은 몸으로 추임새까지 넣으며

범도 주위를 돌며 마저 서글픈 창을 한다.

한두찬

(두 사람의 솜씨에 넋이 나간 얼굴로)

와, 박종달 대장님 별명이 종달새라 소리꾼인 건 알고 있었지만,

홍범도 대장님 통소 솜씨가 이 정도 수준급인지는

전혀 몰랐는데요!

범도

(퉁소를 들어 보이며)

선친이 나에게 남겨주신 게 이거 하나라,

늘 가지고 다니다 보니 그렇게 되었네….

박종달

(범도 옆에 나란히 앉으며)

안 좋은 소식이다….

범도

우리 정찰대장이 좋은 소식 가져오는 경우는 거의 없지.

한두찬

(두 사람 뒤에 선 채로)

… 탄환을 구하러 연해주로 떠난 우리 대원 둘이

이범윤 관리사에게 체포되었고 군자금도 빼앗겼다고 합니다….

범도

(멍한 얼굴로 폭포를 바라보며)

… 왜?

박종달

한두찬 대장, 마저 이야기해….

한두찬

… 지난번 찾아온 그 복면 쓴 여자가 또 왔었습니다.

범도

(한두찬을 돌아본다.)

한두찬

왜놈 육군대신 데라우치 마사타케가 우리를 토벌하려고
2개 사단 병력을 실은 군함을 곧 시모노세키에서
부산과 원산으로 출발시킨다고 합니다.

범도

(다시 폭포를 바라보며 말이 없다.)

s#22

항일연합포수연대 기지 (밖, 낮)

낡은 태극기와 항일연합포수연대의 작은 깃발이 내려가고 있다.
깃발을 향해 모든 대원이 거수경례하고 있다.
대부분 눈물을 흘리고 있다.

범도

(경례를 마치고 돌아서서)

우리는 해산하지 않습니다. 잠시 흩어지는 것입니다.
나는 연해주로 가서 체포되었다는 두 대원을 구하고,
제대로 무장을 갖춘 강한 부대를 만들어 돌아오려고 합니다.
잠시 흩어지는 것도 싫은 대원들은 한두찬 대장을 따르십시오.
한 대장이 압록강 건너 백두산 자락, 장백의 왕개둔에
둔전을 설치할 것입니다.
꼭 다시 만나 제대로 크게 싸웁시다!
대한 만세! 의병 만세!

모두 같이 만세를 부르고 서로를 번갈아 안는다.

범도가 우는 대원들을 하나하나 안아준다.

점순을 안는다. 점순이 범도를 오라비처럼 꼭 끌어안고 울먹인다.

점순

연해주에서 자리잡는 대로 불러주세요.

저는 대장 곁에 있을 거예요.

범도

(고개를 끄덕인다.)

s#23

압록강 칼파진(현 김정숙읍) (밖, 낮)

범도 (narration)

적에게 이길 기회를 주고 싶지 않았다.

겨울이 다가오고 있었고, 우리는 총알이 없었다.

범도의 저격의병대 40여 명이 초췌한 몰골로

얼어붙은 압록강 칼파진을 건넌다.

점순과 유기운은 나란히 걷고 있다.

범도는 어린 아들 용환(8세)의 손을 잡고 있다.

화면 바탕에 한반도 북부지방과 북만주, 연해주를 나타내는

위성사진이 겹친다.

통화, 길림, 하얼빈, 우수리스크로 이어지는 경로가
화살표로 이어진다.
하바로프스크, 블라디보스토크 등 다른 주요 도시들과
청산리, 봉오골, 핫산, 연추, 추풍, 수청 등
우리 독립투쟁사의 주요 지점들도 표시되어 있다.
사진이 옅어진다.

s#**24**

중국 하얼빈 아래 아시허阿什河 (밖, 해 질 무렵)

4명으로 줄어든 범도의 일행이
눈보라 날리는 만주벌판을 거지꼴이 되어 걷고 있다.
하얼빈 아래 아시허 너머로 멀리,
우수리스크행 증기기관차가 검은 연기를 내뿜으며
길게 달리고 있는 것이 보인다.
범도는 용환이를 업고 있다. 옆으로 박종달과 유기운이 보인다.
화면 어두워진다.

범도 (narration)

개마고원에서 70전 70승을 거두었으나, 그것은 모두 전투였다.
연해주에서 전쟁을 준비하고 싶었다.

s#**25**

러시아, 우수리스크 추풍(코르사코프카) 숲 (밖, 낮)

1909년 여름, 러시아 우수리스크 추풍(코르사코프카) — 자막과 함께,

위 장면의 위성사진이 짙어지고, 확대되면서,

우수리스크 서쪽 추풍의 한인 마을 4개(코르사코프카, 푸칠로브카,

야코노브카, 시넬리코보)의 위치가 가늠되면,

사진이 다시 옅어지면서 사라지고,

울창하고 높은 자작나무 숲이 펼쳐지면서

탕! 단총 소리가 크게 울린다.

4명의 사내 뒷모습이 보인다.

맨 왼쪽의 키가 상당히 큰 사내와 옆의 중간 키의 사내는

어깨에 소총을 메고 있다.

세 번째 사내는 중키에 머리를 뒤로 넘겼고

한복 두루마리를 입고 있다,

맨 오른쪽 사내는 작고 단단해 보이는 체구에

농부의 옷차림을 하고 있다.

네 사람 앞으로 10보 정도 떨어진 곳에 중간 키의 날렵한 사내가

열다섯 보 앞에 세워진, 사람 모양의 검은 나무 표적을 향해

브라우닝 단총을 쏘고 있다.

4번째 총알까지 일정한 간격으로 반동을 잘 받아내며

정조준하며 쏘았다.

심호흡하고 다섯 번째 발사를 준비하는,

단총의 손잡이를 잡은 손을 크게 잡으면
약지가 잘려져 있다.
5번째, 6번째, 7번째 총알까지 빠르게 연사하는
사내의 정면 얼굴이 크게 보인다.
콧수염이 옆으로 멋지게 자란 강인해 보이는 31세의 안중근이다.

안중근이 표적을 뚫은 6개의 구멍을 확인한 후,
환한 얼굴로 돌아선다.
큰 키의 홍범도(41세)와 중간 키의 엄인섭(34세),
한복 입은 이상설(39세),
농장주 최병준(30대 후반)이 손뼉을 친다.
엄인섭과 최병준도 약지가 잘려있다.
12명의 '단지동맹' 회원이라는 뜻이다.

최병준

(활짝 웃으며)

역시, 안 대장이야. 한두 번만 더 쏴보면 다 맞추겠어!

안중근

(범도에게 다가오며 단총을 들어 보인다.)

홍 장군님 말씀 듣고 이걸로 바꾸길 잘한 것 같습니다.
리볼버와 달리 반동을 받는 게 바로 되는군요.

범도

브라우닝을 처음 잡고 바로 일곱 발 가운데 여섯 발을 맞추다니
놀랍습니다.

엄인섭

안중근 대장이 괜히 연해주 최고 명사수겠습니까?

안중근

홍 장군님 때문에 두 번째로 밀렸습니다, 엄인섭 대장님. 하하하!

이상설이 흐뭇하게 웃으며 몸을 돌리고 홍범도와 나란히
앞서 걷기 시작하고
두세 걸음 뒤에 안중근이 가운데, 좌우로 엄인섭과 최병준이
걷기 시작한다.

이상설

이범윤 관리사 만나신 일은 어찌 되었습니까?
홍 장군님 대원 두 명이 무기 구하러 왔다가 돈만 뺏기고
여태 블라디보스토크 감옥에 갇혀있다면서요?

범도

모르는 일이라고, 자신의 이름을 판 자가 저지른 일 같다고
하시더군요.
제가 밑으로 들어오면 알아봐 주실 것처럼 말씀하셔서
답하지 않았습니다….

이상설

페치카를 만나보시지요.

범도

페치카요?

이상설

노서아 난로를 페치카라고 합니다. 최재형 도헌 별명입니다.

범도

(고개를 끄덕이며)

이범윤 관리사와 최재형 선생님 사이가 안 좋아지신 거 때문에
연해주 의병 활동이 침체에 빠진 것으로 알고 있습니다만….

이상설

(나직하게)

… 폐위되신 선황제께 밀지를 보냈습니다.
연해주에 망명 정부를 만들자고,
내탕금을 들고 와주십사고 부탁했습니다.

범도

… 그분이 나서주실까요?

이상설

국제적으로 공인받고, 국내외 의병이 단일 대오로 싸우려면
그 길뿐이라고 생각합니다.

범도

(분위기를 바꾸려는 듯 뒤로 안중근에게 고개를 돌리며)
혹시 그 브라우닝, 페치카의 온기로 구하신 거 아닙니까?

안중근

하하하. 때가 때인지라 온기를 훔친 것으로 꾸몄습니다.

자연스럽게 이상설, 엄인섭, 최병준이 앞서고
범도와 안중근이 뒤에서 따라가게 된다.

범도

(약지를 들어 올리며 조심스럽게)
이거 물어보려면… 저도 단지斷指를 해야 할 것 같습니다만,
안 대장님이 잡으려는 그 살쾡이,
왜 소총이 아니라 명중률도 떨어지는 단총으로
잡으려고 하십니까?

안중근

…….

범도

그건 저격한 후, 도망치지 않겠다는 뜻 아닙니까…?

안중근이 고개를 끄덕이며 범도에게 몸을 돌린다.
범도도 안중근에게 몸을 돌린다.

안중근

심판도 해야 하고 담판도 해야 하기 때문입니다.
(범도의 두 손을 잡고)
목적지는 같지만, 장군님의 길과 저의 길이 다릅니다.
장군님이 오셔서 제가 제 길을 편히 갈 수 있게 되었습니다….

안중근이 손을 놓고 범도에게 정중하게 인사한 후,

다시 못 볼 것처럼 쓸쓸하게 웃는다.

s#**26**

블라디보스토크 개척리 대동공보사 (안팎, 밤)

1910년 봄, 블라디보스토크 — 자막과 함께,
카메라가 블라디보스토크 항구의 밤 풍경에서
언덕배기 한인 마을 개척리의 어느 자그마한 2층 건물로 향하고,

범도 (off screen sound)
… 제가 그동안 연해주에서 한 거라고는
두 대원을 감옥에서 빼낸 것과
한 차례 두만강 건너 무산으로 진공 작전을 벌인 것뿐입니다.
그동안 모은 대원들과 함께
백두산에서 기다리고 있는 동지들 곁으로 가서
싸우다 죽고 싶습니다.

카메라가 신문사 내부 풍경을 지나 한 방으로 향한다.
벽에는 1909년 10월 26일,
안중근이 이토 히로부미를 격살한 내용의 기사가 실린,
《New York Times》,《Известия》(이즈베스티야)와
한글 신문《대동 공보》의 1면이
액자에 넣어져 벽에 걸려있다.

방 안

범도

저는 안중근 대장이 부럽습니다. 그의 죽음도….

탁자에 노어 신문《Известия》(이즈베스티야)와
한글 신문《대동 공보》가 펼쳐져 있다.
1910년 3월 26일,
안중근이 여순감옥에서 처형되었음을 알리는 기사가
1면을 가득 채우고 있다.

방에는 긴 탁자의 짧은 쪽 상석에 편집장 이강(43세)이 앉아 있고
범도가 탁자의 긴 쪽 중간에 앉아 있다.
좌우에 박종달과 유기운이 앉아 있다.
맞은편에 14년 전, 호좌의진을 이끌던,
상투 튼 68세 노인 유인석이 앉아 있다.
좌우에 이상설과 엄인섭, 최병준이 앉아 있다.

이강

그 진공 작전, 홍 장군님 전투 중에
가장 보잘것없는 전과를 거두지 않았습니까?
안중근이 체포된 것 때문에 평정심을 잃은 탓 아닙니까?
안중근은 우리에게 제대로 싸우라고 먼저 자신을 바친 것입니다.

범도

(고개를 떨군다.)

최병준

장군님, 제 농장에 기관총 1문이 감추어져 있습니다.
2문 더 모으면 내어드리겠습니다.
그냥 가시면 우리 연해주의 고려인들은 뭐가 됩니까?
조금만 기다려주십시오.

범도

(놀란 얼굴로 최병준을 돌아본다.)

유인석

… 여천汝千, 을사늑약 때 대한제국은 이미 망한 것이오.
곧 병탄이 임박했으니, 대한제국은
이제 마지막 남은 깃발마저 내려야 할 거요.
안중근 참모중장이 자신을 던져 세계만방에
우리가 싸우는 이유를 알려주었소.
곧 연해주의 두 지도자 이범윤과 최재형이 손을 잡고,
제 세력이 모두 힘을 모아 '13도의군'이 만들어질 거요.

이상설은 알고 있었던 듯 고개를 끄덕이고,
엄인섭과 최병준은 몰랐던 듯 놀란다.

유인석

군사부장은 이범윤이 맡겠지만
사령관은 여천이 맡아주어야 합니다.

범도

…….

범도 (narration)

자가 여성汝聖인 유인석 대감이
나에게 여천汝千이라는 자를 지어주었다.
나를 동등하게 대한다는 뜻이었다.

s#**27**

자피거우의 숲 (밖, 낮)

아무르만을 사이에 두고 블라디보스토크 맞은편,
암바강 강변 자피거우(현 프로발로보) 한인 마을 부근의 숲이다.
복식이 제각각이지만 대규모 병력이
낮은 구릉 위에 펼쳐진 숲속 여기저기에서
여러 단위로 나뉘어 제식 훈련, 무술 훈련, 사격 훈련 등
실전과 다름없는 훈련을 하고 있다.

범도 (off screen sound)

연해주에만 3천이고,
만주에 천5백이 집결 중이고
백두산 밀영에도 5백이 대기하고 있으니
자그마치 5천입니다.

유인석

(흐뭇하게 웃으며)

드디어 전쟁을 하게 되었네….

도총재 유인석과 사령관 범도가 말을 타고
훈련 상황을 흐뭇하게 돌아보고 있다.
제식 훈련은 박종달이, 무술 훈련은 유기운이
사격 훈련은 백두산에서 돌아온 점순이 지휘하고 있다.
한쪽에서는 기관총 2문이 설치되어 있고
농장주 최병준이 기관총 분대를 교육하고 있다.

멀리서 말발굽 소리가 들린다.
외무부장 이상설이 똘똘해 보이는 이종호(25세)와 함께
말을 타고 달려오고 있다.
이상설이 속도를 늦추어 유인석에게 어두운 얼굴로
바짝 다가온다.

유인석

이상설 외무부장, 여기까지 어쩐 일이오?
하바로프스크에 계시지 않았소?

이상설

… 13도의군의 무장 해제와 해산령,
그리고 지휘부 체포령이 떨어졌습니다.

범도

뭐라고요?

이상설

이범윤 군사부장이 어젯밤 블라디보스토크에서 체포되었습니다.

유인석

… 대체 어떻게 된 건가?

이상설

얼마 전, 경술국치에 분노한 한인 청년들이
블라디보스토크의 일본인 시설을 공격한 것을 구실로
일본 정부가 짜르에게 강력한 항의를 했다고 합니다.

유인석

아, 그렇게 조심하라고 일렀건만….

이상설

그것도 공작인 것 같습니다만….
제가 상트페테르부르크의 이위종을 통해
이범진 공사께 상황을 알렸고,
공사께서 짜르를 알현하고 항의했지만
이미 일본의 압박에 굴복한 뒤였습니다….
지금 노서아 군대가 두만강 방면을 틀어막고 있습니다.

유인석

(눈에서 굵은 눈물이 떨어지고 있다.)
나라를 잃고도 싸움 한 번 제대로 할 수 없다니…!

범도가 눈을 감고 하늘을 본다.
부감으로 보이는 범도의 눈가에도 눈물이 흐른다.

범도 (voice over)

… 이런 군대를 언제 다시 모은단 말인가…?

카메라가 쭉 빠져 의군들이 여기저기에서 훈련에 열중인
자피거우의 숲 전체가 보이고
눈이 날리기 시작한다.

범도 (narration)

지난 8월 29일, 대한제국이 일본에 병탄되었다.
고종과 순종은 자결하지 않았다. 대신 이범진 공사가 자결했다.
니콜라이 2세 황제가 그의 장례식을 성대하게 치러주었다.

s#28

수청(현 파르티잔스크) 인근 금광 (안팎, 아침)

갱도 입구

눈발이 날리는 가운데 카메라가 내려오면 화면 가득,
'大朝鮮 前俄羅斯公使 贈領議政 李範晉之位'라고 쓰인
이범진의 위패가 보인다.
카메라가 빠지면 금광의 갱도 입구 오른편에
고려인 광부들이 위패 앞에서 절을 올리고 있다.
수백 명의 고려인이, 위패를 모신 제대 앞 가마니에 엎드려
차례대로 20명 정도씩 절을 하고 갱도로 들어가고 있다.
관리자인 러시아인들이 고개를 절레절레 흔든다.
갱도로 들어가던 중국인 광부들도 신기하게 바라본다.

고려인 광부들 사이에 범도와 박종달, 유기운도 끼어있다.
절을 마친 범도 일행이 갱도로 향한다.

갱도 안

가느다란 금맥을 따라 광부들이 각자 맡은 작업을 하고 있다.
범도는 맨 앞에서 능숙하게 곡괭이질 하고 있다.

시간 경과

불빛 속에서 광부들이 둘러앉아
간단한 도시락으로 식사를 하고 있다.
범도의 맞은편에 앉아 있던 30대 중반의 작고 다부져 보이는
광부 허건돌이 불쑥 말한다.

허건돌

십시일반, 저희 버는 거 10분의 1씩 모으고 있습니다.

박종달

(의아한 표정을 짓다가)

무슨 말씀이신지…?

허건돌

비장군飛將軍, 개마고원에서 날아다니시던 분 아닙니까?

범도

(헉, 밥이 목이 걸린다.)

유기운

어떻게 아셨습니까?

한상호 (13세)

진즉 눈치채고 있었습니다, 홍범도 장군님!

허건돌

저희가 나라 잃고 남의 나라에 와서 금을 캐며 살고 있지만,
장군님이 오신 뒤부터는 나라를 찾을 총알을 캐며 살고 있다고
생각하고 있습니다.

한상봉 (18세)

연설하거나 모금하러 잠시 들른 애국지사들은 많았지만
우리랑 같이 밥 먹으며 두 달 넘게 일하신 분은
장군님이 처음입니다.
저는 장군님 싸우러 가실 때 따라나설 겁니다.

한상호

저도 따라갈 거예요.

범도가 밥을 우걱우걱 씹는다. 눈에 물기가 슬쩍 비친다.

범도 (narration)

4년 전, 이상설과 함께 해아(海牙, 헤이그)만국평화회의에
특사로 파견되어
유창한 외국어 솜씨로 을사늑약의 무효를 호소했던
이범진 공사의 아들 이위종이

상트페테르부르크에서 블라디보스토크에 왔다.

s#**29**

블라디보스토크 정교회 성당 (안팎, 밤)

성당 앞

1911년 봄 — 자막과 함께,

블라디보스토크 언덕에 자리한 정교회 성당이 보이고

성당 앞에는 마차와 러시아 군인들도 보인다.

성당 안

정교회 한인 사제인 김로만 신부가 등을 돌린 채 집전 중인

추모 미사가 끝나가고 있다.

제대 앞에는 제복 차림에 안경을 쓰고 황제의 훈장을 찬

이범진의 영정사진이 놓여 있다.

정교회 성당은 의자가 없이 서서 미사를 드리기 때문에

신자들이 모두 서 있다.

최재형(51세), 이범윤(59세), 문창범(40세), 이상설,

이종호, 엄인섭, 최병준 등

연해주의 지도자들이 말끔한 차림으로 서 있다.

최재형과 최병준은 소박한 양복 차림이고

이범윤과 문창범은 고급스러운 양복 차림이다.

이상설은 한복을 입고 있다.

범도는 깨끗한 작업복 차림으로 12살이 된 용환의 손을 잡고

구석에 서 있다.

신부가 미사를 마치는 마지막 성호를 신자들과 함께 긋고
제대를 벗어나자
말끔한 양복에 새하얀 셔츠, 검은 넥타이를 한 이위종(27세)이
제대 위로 다가온다.

이위종

제가 대한독립의 가장 중요한 거점인 연해주에 다시 온 것은
선친의 마지막 뜻을 동지들께 전하기 위해서입니다.
선친의 자결은 이완용 같은 나라를 팔아먹은
파렴치한 역적들에 대한 분노,
의지박약한 폐하에 대한 원망,
일본에 굴복해 우리 13도의군을 가로막은
노서아 제국에 대한 항의의 뜻이었습니다.

신자석은 대부분 고려인이고
더러 러시아군 장교들이나 러시아인들도 보인다.
고려인들은 대부분 눈물을 흘리고 있다.
파란 눈의 러시아 귀족인 이위종의 부인 엘리자베타 놀켄도
다소곳하게 서 있다.

이위종

또한 동지들께 좌절하지 말고 하나로 뭉쳐 다시 싸워달라는

부탁이기도 합니다.
유산도 전부 연해주와 아미리가의 독립단체에 남기셨습니다….

시간 경과

예배가 끝나고 모두 선 채로 환담하고 있다.
이위종은 아내와 함께 최재형, 이범윤, 이상설 등
연해주의 유력자들에 둘러싸여 있다.

이범윤

나를 풀어준 걸 보니 체포령은 완전히 해제된 것이냐?

이위종

해제도 하지 않고, 체포도 하지 않을 것입니다, 숙부님.

이상설

여기 극동 총독이 자네 장인과 사관학교 동기라고 들었네.
손을 썼는가?

이위종

(곁의 아내를 돌아보고 눈을 맞추더니 웃으며)
아닙니다.
노서아가 노일전쟁에 진 후로 몸을 사릴 뿐이지
왜놈들에게 우호적일 리 없지 않습니까?
최재형 도헌께서 황실에까지 공을 많이 들이신 걸로
알고 있습니다.

최재형

무슨 말씀을….
다 짜르께서 이범진 공사의 기개를 높이 사신
덕분 아니겠습니까?
분위기가 좋아졌으니 우리 고려인 조직을
서둘러 재건해야 합니다.

이위종은 대화 가운데에도 계속 누군가를 찾는 듯하더니
구석에 있는, 깨끗한 작업복 차림의 범도를 발견하고는
다가와 깍듯하게 인사를 한다.
엘리자베타 놀켄도 따라와 이위종처럼 범도에게 인사를 한다.

이위종

와주셔서 감사합니다, 홍범도 장군님!
선친께서 장군님을 무척 뵙고 싶어 하셨습니다. 저도 그랬고요.

범도

불란서에서 사관학교를 나오셨다고 들었습니다.
저한테도 배운 것 좀 나누어 주십시오.

이위종

저는 곧 상트페테르부르크의 사관학교에 다시 입학합니다.
언젠가 장군님 모시고 제대로 싸울 수 있는 날을 고대하겠습니다.
(옆에 용환이를 발견하고)
아, 아드님입니까?
(무릎을 꿇어 눈높이를 맞추고 머리를 쓰다듬으며)

너도 장군감이구나. 이름이 뭐냐?

용환

(부끄럽게 웃으며)

홍용환입니다.

이위종과 용환을 내려다보던 범도가 눈을 깜박인다.

범도 (narration)

연해주의 모든 세력이 힘을 합쳐 권업회를 만들었다.

노서아 정부로부터 영사 업무까지 위임받았다.

권업신문도 발행하게 되었다.

s#30

우수리스크 시내 최재형의 집 (안, 밤)

시내 큰길가에 러시아식 벽돌로 지어진
본채와 별채로 이루어진 집이 보인다.
창에서 불빛이 새어 나오고 있다.

방 안

넓은 벽면에 러시아 황제 니콜라이 2세의 초상화가 걸려있고,
최재형의 초상화, 가족사진, 훈장들이 장식되어 있다.

범도

연해주에 대단한 분들 많지 않습니까?

저는 몸과 총으로 일하는 사람입니다. 상민 출신이고요….

어떻게 저 같은 사람에게 부회장을 맡으라고 하십니까?

최재형이 옆에 앉은 늑대를 닮은 시베리아 개,

라이카를 쓰다듬고 있다가,

최재형

하하하, 그러면 나는 천민 출신으로

머리와 돈으로 일하는 사람입니까?

천민 출신 회장에 상민 출신 부회장, 그럴듯하지 않소?

얼마나 오래 갈지 모르겠지만, 모처럼 모든 고려인,

복벽주의자, 공화주의자, 원호*, 여호**, 노동자가

다 힘을 합쳤습니다.

실질적인 일은 이상설과 이종호가 할 것이오.

나는 돈으로 뒷받침만 하면 되지만,

홍 장군은 진짜 중요한 일을 하셔야 합니다.

범도

(의아하게 바라본다.)

최재형

나라를 찾으려면 군대가 있어야 하지 않소?

   *   연해주에 일찌감치 넘어와 지주가 된 사람들
  **   연해주에 늦게 넘어와 소작농이 된 사람들

권업회를 장차 대한광복군 정부로 키워야 합니다.

드러나지 않게요….

그 군대를 홍 장군이 키우셔야 하고요….

군대를 만드는 일은, 장차가 아니라 당장의 일이었다.

s#31

시베리아 횡단 열차 (안팎, 밤)

열차 밖

시베리아 횡단 열차가 기적을 울리며
눈 내리는 자작나무 숲 사이로 다가와 멀어진다.

열차 안

범도와 엄인섭이 나란히 앉아 있다.
뒷자리에는 박종달과 유기운도 앉아 있다.

엄인섭

… 페치카가 이동휘 선생을 연해주로 모실 생각인 것 같던데요….

범도

만주로 떠나신 유인석 대감의 빈자리가 큰 것 같아
제가 건의를 했습니다.
이동휘 선생이 지나는 길에는
학교와 연병장이 생겨난다고 합디다.

무장 투쟁론자이시니 우리한테 큰 힘이 되어주실 것입니다.

s#**32**

이르쿠츠크 외곽 자작나무 숲 (밖, 낮)

범도 (narration)
안중근의 12명의 '단지동맹' 대원들처럼
약지를 자르지는 않았지만
주로 의병 출신인 우리 21명은 '21의형제동맹'이 되어
생사를 같이하기로 맹세하고 혈서를 썼다.

1912년 1월 21일, 이르쿠츠크 — 자막과 함께,

21명의 전의에 불타는 투사가 둥그렇게 둘러서서

바닥에 펼쳐진 커다란 태극기에

'대한 독립 만세'라고 차례대로 한 획씩 혈서를 쓰고 있다.

엄인섭, 박종달, 유기운 외

나중에 같이 싸우게 되는

박경철(30대), 이병채(30대), 정태(20대) 등이 보인다.

평안도 출신 의병장 유상돈(38세)이 쓰고,

그다음 엄인섭이 쓰고 일어서자

범도가 마지막 획을 쓴다.

시간 경과

태극기가 자작나무 사이에 걸려있다.

범도

왜놈들이 10년 주기로

1894년 청나라, 1904년 노서아와 전쟁을 일으켰듯이

2년 후인 1914년에 또 전쟁을 일으킬 것이오.

우리가 주축이 되어 대한광복군을 창설하여

1914년에는 독립전쟁에 나서야 합니다!

대한 독립 만세!

21명의 의형제가 다 같이 "대한 독립 만세"를
세 번 우렁차게 외친다.

s#**33**

시베리아 횡단 열차 (안팎, 밤)

열차 안

엄인섭

…바이칼 호수를 밟아볼 틈이 없어서 너무 아쉽네요.

범도

(창가에 앉아 창밖만 보며)

그러게요.

우리 민족이 저 건너편 알혼섬에서 기원했다고

말하는 사람들이 있더군요….

바다 같은 바이칼호에는 눈이 덮여 있다.

열차 밖

부감으로 시베리아 횡단 열차가
끝없이 펼쳐진 눈 덮인 바이칼호 옆을
검은 연기를 길게 내뿜으며 길게 달린다.
화면 어두워진다.

범도 (narration)

난 동지들과 계속 부두, 광산 등에서 일하며 무기를 사 모았다.
1914년, 예상대로 전쟁이 일어났고 곧 세계대전이 되었다.
그러나 예상과 달리 노서아가 일본과 연합하는 바람에
권업회는 해산당했고 우리는 다시 체포 대상이 되었다.
노서아 접경인 만주의 밀산으로 넘어가
농사와 군사훈련을 병행하며 때를 기다려야 했다.

s#**34**

중국 밀산密山 한흥동韓興洞 소학교 (밖, 낮)

1917년 가을, 만주 밀산 한흥동 — 자막과 함께,
화면에서 위성사진이 짙어지면서
우수리스크에서 북쪽으로 사진이 확대되고
우수리스크 북쪽 항카 호수(홍개 호수)의 북쪽 연안의
밀산이 가늠되면,

바다처럼 넓은 황토빛 호숫가에서 멀리 낮은 산자락까지
계획적으로 가꾸어진 전형적인 조선의 마을이
광대하게 펼쳐진다.
낮은 산자락의 소학교로 카메라가 다가간다.

아이들이 운동장에서 뛰어노는 소리와
교실에서 책 따라 읽는 소리가 청아하게 들린다.
한 교실 안에는 '21의형제동맹'의 한 명인 정태(20대 후반)가
아이들을 가르치고 있다.
교사라기보다는 날렵한 몸매에 인상까지 날카로워
무인의 풍모다.

교정 구석에 초로의 사내가 빗자루를 들고
가만히 눈을 감고 아이들 소리와 바람을 음미하고 있다.
49세가 된 범도다.
범도가 가만히 미소를 짓다가 다시 낙엽을 쓸기 시작한다.
점순 그리고 광산에서 만났던,
이제 23세가 된 한상봉과 18세가 된 한상호가 나타난다.
범도가 그들을 발견하고 빗자루를 내던지고 팔을 벌리며,

범도
상봉아, 상호야!

한상봉과 한상호 형제가 뛰어와 안긴다.

점순

(흐뭇하게 바라보다가 눈물이 그렁그렁해져서)

대장, 잘 지냈어요?

범도

대장 아니고 교장!

점순

교장은 무슨, 딱 수위구먼.

범도

(상봉, 상호를 보며)

이 학교, 내가 만들었다고 나더러 교장 하라고 해서

억지로 맡았거든,

근데 가르치는 건 안 된대, 실력 없다고.

그러니 청소나 해야지 어쩌냐? 하하하!

(점순을 보며)

나라 되찾으면 평양 가서 소학교 수위 하고 싶다.

(여전히 웃고 있는 상봉, 상호를 돌아보며 짐짓 근엄한 표정으로)

애들아, 내가 그래도 저 산너머에 있는 독립군 사관학교에서는

무시무시한 교관이다.

한상봉

(얼굴이 굳어지며)

예, 저, 거기 들어가려고요….

범도

그래? … 너 합격!

한상봉

(펄쩍펄쩍 뛰며)

이야!

한상호

저도요! 저도 사관학교 들어갈래요!

범도

(몸을 숙여)

너는 연길의 창동학교로 가거라. 내가 추천서 써놓았다.

한상호

싫어요! 형이랑 떨어지기도 싫고요!

범도

야 인마, 네 머리가 얼마나 비상한지 알아?
너 노어에 일어도 잘하지? 중국어도 배우기 시작했고.
몸으로 싸우는 건 우리가 할 테니 너는 공부해서
더 큰 싸움을 해야 한다.
나라 빼앗기면 어디 있으나 다 전사다….

한상호가 눈물을 흘리고 범도가 꼭 안아준다.

점순

… 로씨아에서 혁명이 일어났어요.

범도

(몸을 일으키며)

지난봄에 일어났잖아? 또?

점순
지난번에는 황제와 귀족을 몰아냈고요.
이번에는 진짜예요. 소비에트 정권이 들어섰어요.
레닌이 이끄는 농민, 노동자, 병사의 정권이요.

범도
소비에트?

화면 어두워진다.

s#**35**

러시아 우수리스크 서쪽 추풍의 숲 (밖, 낮)

1918년 봄, 연해주 추풍 — 자막과 함께,
카메라가 자작나무 숲길을 걸어오는 범도의 얼굴을 크게 잡는다.

범도 (voice over)
세계대전에서 이탈한 로씨아에서는
레닌이 이끄는 홍군과, 제정으로 돌아가려는 백군 사이에
내전이 벌어졌다.
백군의 편에 선 일본이 블라디보스토크에
군대를 상륙시키기 시작했다.
연해주의 고려인들도 중립을 지키자는 파와,
홍군과 같이 싸우자는 파로 나뉘었다.

범도의 좌우에 엄인섭과 광산에서 만났던 허건돌이,
바로 뒤에는 점순과 유기운이 함께 걸어오고 있다.
5명 모두 삽을 들고 있다.
유기운이 슬쩍 점순의 엉덩이를 만진다.
점순이 인상을 쓰며 유기운을 노려본다.
유기운이 시치미 떼고 앞만 보며 걷자,
점순이 씩 웃으며 유기운의 엉덩이를 톡톡 친다.
유기운이 웃으며 점순을 돌아보고,
다정한 눈빛을 교환한 두 사람은
앞사람들 눈치를 조심스레 살피며
손을 스치듯 슬며시 잡았다 놓았다 하며 걷는다.

그들이 지나는 길옆, 한쪽 평지에서는
한흥동 소학교의 교사였던 정태가 웃통을 벗고
근육질 몸을 드러낸 채 멋진 시범을 보이며,
역시 모두 웃통을 벗은 중대 병력에게 무술 교육을 시키고 있다.
앞줄에 선 늠름한 모습의 소대장 한상봉이 보인다.

조금 더 안쪽에서 '21의형제동맹' 대원 중 한 명인 유상돈(44세)이
중대 병력에게 사격 훈련을 시키고 있다.
대원들 가운데 분대장이 된 범도의 아들 홍용환(18세)도
멋지게 사격 자세를 취하고 있다.

조금 더 걷자 또 한쪽 평지에서는 훈련대장 박종달이

중대 병력에게 체코제 '모신나강' 소총의
분해 조립 훈련을 시키고 있다.
10명씩 눈을 가리고 총을 조립하여 끝마친 사람은
총을 하늘로 번쩍 든다.

박종달

지금 연해주에 와 있는 체코 군단 애들한테 사들인,
이 모신나강 소총이 왜놈들 아리사카 소총보다 훨씬 좋다,
이 말이야!
이름이 왜 모신나강이냐?
이 총을 애인, 마누라처럼 모시라고 했지?
이 총을 모신 나는 강하다, 이 말이야!
알겠나? 모신나강!

대원들

예!

박종달

(오른손 검지를 아랫도리 쪽부터 앞으로 쭉 내밀며)
더 정확히 꽂을 수 있겠지?
(다시 오른손 검지를 아랫도리 쪽부터 앞으로 크게 곡선을 그리며)
당연히 사정거리도 더 길겠지?

박종달 뒤로 다가와 있는 범도와 점순이 고개를 절레절레 흔든다.
교육받던 대원들이 범도를 보고 모두 일어서자,
박종달이 놀라 뒤돌아서며

"부대 차렷! 경례!" 범도 일행에게 경례를 올린다.

박종달

어제 합류한 대원이 26명입니다. 총이 12정 모자랍니다.

범도

(삽을 들어 보이며)

가져올게.

박종달

(고개를 갸웃한다.)

범도가 몸을 돌리고 엄인섭, 점순, 유기운, 허건돌이 뒤를 따른다.

시간 경과

범도와 엄인섭, 유기운, 허건돌이 함께 삽질하며
비석이 없는 오래된 묘를 파내고 있다.

유기운

… 대장님 섭섭해요. 부관인 나한테도 안 가르쳐 주시다니….

허건돌

(거만하게)

저는 한 군데 압니다, 으흠.

범도

다 아는 사람은 나 하나, 한두 군데씩만 아는 사람이

몇 사람 있지….

유기운

엄 대장님은 두 군데 아시지요?

엄인섭

(당황하다 웃으며)

비밀이지….

유기운

아, 진짜 나 밀정으로 의심받고 있었네….

점순

(삽질할 생각은 전혀 없는 듯,

삽을 땅에 꽂은 채 손잡이에 턱을 기대고 삐딱하게)

한 군데도 모르는 사람 여기 또 있으니 섭섭해하지 말아요.

범도

하하하! 모르는 게 약이다.

점순

아, 진짜…! 대장님, 우리 어디로 갈 거예요?

우수리스크, 하바로프스크?

허건돌

당연히 하바로프스크 망명자회의로 가야지요.

우수리스크 한족총회는 원호들이 중심이고

지킬 게 많은 사람들이니 중립을 표방하지만

은근히 백군을 지지하고 있지 않습니까?

범도

점순이 너, 그 김 알렉산드라 만나고 싶은 거지?

극동인민공화국 외교장관.

점순

(눈을 반짝이며)

예.

범도

(엄인섭을 돌아보며)

엄 대장님은 김 알렉산드라 좀 아십니까?

엄인섭

(고개를 끄덕이며)

블라디보스토크에서 여성사범학교 다녔고,

노어에 중국어까지 능통해서 통사로 일했습니다.

우랄산맥 벌목장에서 고려인, 중국인이

너무나 비인간적인 조건에서 일하고 있다는 소식을 듣고

김 알렉산드라가 그 험한 데를 자원해서 가더니만

그들을 위해 일을 너무나 잘 해내서

레닌 동지까지 알게 된 것입니다.

범도

고려인은 노서아인하고 기차도 같은 칸에 탈 수 없는데,

젊은 고려인 여성을 외교장관에 앉히다니 놀라운 일 아닙니까?

점순

그분이 독일 간첩 혐의로 감옥에 갇혀있던

이동휘 선생님도 구해주셨잖아요?

(유기운을 노려보며)

아니 어느 밀정 놈이, 어떻게 고자질했길래,

일본 간첩도 아니고 독일 간첩이래?

이동휘 선생님이 독일어도 하서?

장난스럽게 말하는 사이에도 점순은,
엄인섭의 눈빛이 흔들리는 것을 놓치지 않는다.

유기운

(삽을 땅에 꽂으며)

아 씨, 나 밀정 맞네, 밀정 맞어….

범도

난 그냥, 왜놈들과 싸우는 편이 우리 편이다.

점순

(활짝 웃으며)

그럼 하바로프스크로 가는 겁니다!

점순이 신이 나서 삽질을 시작하고 곧 관이 드러난다.

시간 경과

관 뚜껑이 열린다.

범도가 동지들과 노동해서 번 돈으로 모은,
잘 손질된 베르단 소총 10정과 총탄이 들어있다.

"와!"하며 점순과 유기운의 눈이 커진다.

둘이 하이 파이브를 한다.

범도와 엄인섭, 허건돌이 흐뭇하게 웃는다.

s#36

하바로프스크 극동인민공화국 외교위원회 (안팎, 낮)

하바로프스크 중심가,

빨간 벽돌로 된 러시아식 건물 입구 초소가 보인다.

무장한 초병이 2명 보이고 옆에는 마차가 보인다.

유기운이 노어로 초병과 이야기하고 있고,

조금 떨어진 곳에 범도, 점순이 초조한 표정으로 서 있다.

초병 1명이 어디론가 통화를 끝내고

곁에 서 있던 유기운에게 고개를 끄덕인다.

곧 현관을 통해 머리를 짧게 자른,

이목구비가 뚜렷한 젊은 고려인 여자가 나오더니

범도 일행에게 환한 얼굴로 정중하게 인사한다.

김수라 (33세)

뵙게 되어 영광입니다. 저는 김수라라고 합니다.

외무위원장실

김수라가 문을 열고 들어오고 범도 일행을 회의 탁자로 안내한 후 맞은편으로 간다.

벽에는 레닌의 사진이 걸려있고, 아래 장관의 자리는 비어 있다.

점순

(장관 자리와 탁자의 상석이 빈 것을 보고 앉으며)

김 알렉산드라 장관님은 오시는 중인가요?

김수라

(웃으며 앉는다.)

아, 제가 외무위원장 김 알렉산드라입니다.

김수라는 제 고려 이름입니다, 박점순 대장님.

점순

예! … 제 이름은 또 어떻게…?

김 알렉산드라

대한광복군의 여대장이자 최고의 저격수 아니십니까?

무척 뵙고 싶었습니다.

(범도를 보며)

장군님, 전설을 직접 뵙게 되어 영광입니다.

우수리스크로 안 가시고 이쪽으로 와주셔서 너무나 고맙습니다.

유기운

저쪽은 답을 유보했으나, 이쪽은 약속했으니까요.

광복군의 무기 지원, 독립적인 활동 보장,

사관학교 설립 지원까지….

시간 경과

뚱뚱한 러시아 여성이 김이 나오는 전통차 주전자
사모바르를 들고 와 범도에게 차를 따른다.

범도

… 나는 일본군하고만 싸우고 싶습니다만.

김 알렉산드라

구라파 동부전선은 로씨아가 이탈하면서 전쟁이 끝났고
서부전선도 독일의 항복선언만 남았습니다.
하지만 연해주에서는 홍군이 백군과 일본, 아미리가 간섭군과
힘겹게 싸우고 있습니다.
먼저 합동민족여단에 들어와 우리랑 싸워주십시오.
레닌 동지가 식민지 약소민족의 해방을 지원하겠다고
약속하지 않았습니까?
제가 소비에트에 들어온 것도
무엇보다 대한의 독립을 위해서입니다.

범도

(눈을 감았다 뜨며)
일본과 영국은 황제 정권이니까 그렇다 치고,
인민의, 인민에 의한, 인민을 위한 정부라는 아미리가는
왜 백군을 지원하는 것입니까?

김 알렉산드라

그 인민에 원주민과 흑인, 여성, 노동자는 포함되지 않습니다.

아미리가 여성은 투표권도 없습니다.
일본처럼 아미리가도 후발 제국주의 세력일 뿐입니다.
진정한 민주 공화정은 소비에트뿐입니다.

점순

대장님, 우리 합동민족여단에 들어가요.

범도

(점순을 보았다가 김 알렉산드라를 보며)
그건 제가 정할 수 없습니다.
망명자회의에는 박 대장이 내일 밀산에서 도착하는
김성무 총경리와 참석하는 걸로 하고,
나는 추풍으로 돌아가 광복군 전체의 의사를 묻겠습니다.

s#**37**

추풍의 숲속 (밤, 해 질 무렵)

범도 (narration)

그러나 곧 하바로프스크가 백군에게 장악되었고
김 알렉산드라가 처형되었다는 소식이 들려왔다.

정태가 이끄는 소대 병력의 광복군 특공대가
무술 시범을 보이고 있다.
대원들의 일사불란한 동작은 그동안 흘린 땀의 결과
대원들의 근육질 몸이 곧 무시무시한 무기가 되었음을

보여주고 있다.

범도가 박종달과 나란히 서서 참관하고 있다.
둘 다 얼굴이 잔뜩 굳어있다.
부관 유기운과 엄인섭, 최병준은 좀 뒤에 떨어져 있다.
유기운은 넋이 나간 얼굴로 땅만 바라보고 있다.

박종달

(낮은 목소리로)

범도야, 김 알렉산드라 돕겠다고 따라간

우리 점순이 걱정돼 죽겠다.

찾아봐야 하는 거 아니냐?

범도

(유기운을 돌아보았다가 박종달을 보며)

저놈 저거 진즉 점순이 데리고 도망가서 살림 차리라고 했는데

말을 안 듣더니…

박종달

아, 점순이가 너한테 꼭 붙어 있으라고 했겠지.

내가 1개 분대 데리고 가서 찾아올게.

범도

부사령관이 자리 비우면 어떡해? 기운이 저놈 보내야지….

범도가 유기운을 돌아보는데 유기운 뒤로 멀리서

거지꼴에 반송장이 된 점순이 휘청거리며 다가오고 있다.
유기운이 돌아보더니 놀라 달려가 꼭 끌어안는다.
점순도 유기운을 끌어안고 흐느낀다.

점순

… 흑흑, 김 알렉산드라, 살 수 있었는데…,
우리 먼저 철수시키느라고 마지막까지 남아있다가
백군에게 체포됐어….

범도와 박종달, 정태 등 모든 특공대원이 점순을 둘러싼다.

점순

(땅에 주저앉아 흐느끼며)
… 백군 사령관이 여러 차례 살려주겠다고 회유했는데
다 거절했어요.
… 총살당할 때 자기가 죽는 걸 자기 눈으로 보겠다고
눈을 가리는 것도 거부했고요.
죽을 자리도 자기가 정하겠다고 13걸음을 걸은 후,
'볼셰비키 혁명 만세! 대한 독립 만세!'를 외치고…
총에 맞은 후, 절벽 아래 아무르강에 던져졌어요….

범도

(눈물을 억지로 참고 대원들을 둘러보며)
그 13걸음이 조선 13도를 의미하는 거 다 알 겁니다.
김 알렉산드라는 연해주에서 태어나

조선 땅을 밟아본 적도 없는 사람입니다.

(점순을 일으켜 세우며)

우리가 김 알렉산드라 몫까지 싸웁시다!

김 알렉산드라를 위해 일동, 묵념!

모두 고개를 숙여 묵념을 올린다.

범도 (narration)

세계대전이 끝나고 전후 처리를 위한 파리강화회의가
열리고 있었다.

3월 1일, 서울에서 시작된 독립 만세운동은 세계를 놀라게 했다.

연해주, 상해, 서울에서 임시정부가 잇달아 출범했다.

s#**38**

우수리스크 최재형의 집 (안팎, 밤)

1919년 4월 — 자막과 함께.

실내에 불이 켜진 최재형의 집이 보인다.

집 둘레는 유기운, 점순, 허건돌을 비롯한 무장한 독립군 몇 명이
삼엄하게 지키고 있다.

본채 거실

최재형(61세)이 앉아 있다. 최재형 뒤로 벽에는
니콜라이 2세 황제의 초상화가 치워지고 없다.

커다란 탁자를 사이에 두고 맞은편에
이동휘(46세)와 홍범도(51세)가 앉아 있다.

이동휘

상해에서… 최재형 선생님은 재무, 문창범 선생은 교통,
저한테는 군무총장을 맡아달라고 합니다.
연해주가 무장 투쟁에는 지리적 이점이 있으니,
우리가 만든 '대한국민의회' 중심으로 통합하면 좋겠지만….

최재형

(말을 자르며)
우리가 양보합시다.
상해가 서구열강의 조계지가 많아
외교 활동에 유리한 건 사실이고,
아직 연해주는 홍백내전이 진행 중이지 않소.
상해 임시정부 쪽에 힘을 실어줍시다.

범도

윌슨의 민족자결주의는
승전국 식민지에는 적용되지 않는다고 합니다.
독립전쟁을 시작해야 하지 않습니까?

이동휘

그래서 상해에 가려고 합니다.
전쟁을 하려면 정부가 있어야 하고 군대가 있어야 합니다.
정부는 말로 통합할 수 있습니다.

그러나 군대를 통합하려면 누군가 먼저 싸우고 이기면서
따라오도록 해야 합니다.
홍 장군님, 곧 북간도로 출병하셔야 할 겁니다.
북간도와 서간도의 부대를 통합해 주십시오.
저는 상해에 가서 전쟁 선포가 가능한 정부를 만들 테니
홍 장군님은 전쟁 수행이 가능한 군대를 만드십시오.

범도

(고개를 끄덕인다.)

최재형

이동휘 선생은 상해로, 홍 장군은 북간도로 떠나야 한다면
나는 연해주에 남아 싸워야 하지 않겠소?

이동휘

(고개를 끄덕인다.)

최재형

(범도를 보며)

홍 장군, 나한테 할 말 있지 않소?

범도

… 예, 군자금이 필요합니다.

최재형

(일어서서 커다란 탁자 끝으로 가면서)
… 돈을 써야 부자인데 난 서간도로 간
이회영 형제들만큼 안 되어 아쉽소.

최재형이 탁자 상판을 잡아당긴다.
탁자의 반이 열리며 차곡차곡 옆으로 쌓여있는
엄청난 금괴가 나타난다.

최재형

루블화가 폭락하고 있어서 금으로 모아두었소.
며칠 내로 이만큼이 또 올 것이오.

범도, 이동휘

(놀란다.)

최재형

얼마 전 다녀간 안창호가 상해 임정이 정한 국호,
대한민국을 이렇게 설명합디다.
대한제국이 황제 한 명이 다스리는 나라라면
대한민국은 황제 2천만 명이 스스로 다스리는 나라라고.
내가 로씨아 군에 군납을 해봐서 압니다.
병사들에게는 총이 가장 중요하겠지만 군복도 중요합니다.
꼭 군복을 제대로 만들어 입히시오.
포수나 의병이 아니라 대한민국 군대의 병사들이지 않소?

범도

… 알겠습니다.

중국 북간도 혼춘(훈춘) (낮, 밤)

1919년 10월, 중국 혼춘 — 자막과 함께,
한반도 동북 끝 경원 맞은편 중국의 혼춘 시내를
범도가 이끄는 대한독립군이
완전군장에 멋진 군복을 입은 채 '독립군가'를 부르며
당당하게 행진하고 있다.

독립군가

나아가세 독립군아 어서 나아가세
기다리던 독립전쟁 돌아왔네
이때를 기다리고 10년 동안에
갈았던 날랜 칼을 시험할 날이
나아가세 대한민국 독립군사야
자유 독립 광복함이 오늘이로다.
정의의 태극 깃발 날리는 곳에
적의 군사 낙엽같이 쓰러지리라

범도도 참모가 된 박경철과 이병채,
훈련대장 유상돈, 중대장 허건돌 등과
묵묵히 걷고 있다.
거리에 북간도 동포들과 중국인 등이 잔뜩 몰려나와
손뼉을 치며 구경하고 있다.

동포들은 대부분 태극기를 흔들며 벅차서 눈물을 훔치고 있다.
카메라가 범도의 얼굴을 크게 잡는다.

범도 (voice over)

두만강 너머에서의 행진은 일본군에게는 도발이었고
동포들에게는 선전이었다.
입대자가 몰려들었고 군자금이 쏟아졌다.
그날 밤 박종달은 백두산의 동지들과 합류하여
성동격서로 멀리 압록강을 넘었다.

s#**40**

압록강 혜산진 (밖, 밤)

박종달, 유기운이 군복을 입은 2개 분대 병력을 이끌고,
항일연합포수연대 시절 정찰대장이었던
백두산부대의 부대장 한두찬과
새 얼굴인 백두산부대 중대장 김상하(27세)가
포수 복장의 부대원을 이끌고
압록강 상류 낮은 곳을, 총을 양손으로 들어올린 채 건너고 있다.
맞은편에 오른쪽 아래로
강 포구의 일본군 국경수비대의 불빛이 보인다.

강 이쪽 높은 곳에는 점순이 이끄는 저격분대 병력이
강을 건너는 대원들이 일본군 초소 곁으로 다가가는 것을

지켜보고 있다.

천리경으로 상황을 살피던 점순이 손을 들었다 내리자,
옆에서 총을 겨누고 있던 소대장 한상봉과, 분대장 홍용환이
동시에 고개를 끄덕이고 서로 눈빛을 교환하더니 발사하자
건너편 일본군 초소의 일본군 2명이 동시에 쓰러지고
아군의 일제 사격과 함께 아군 기관총 1문이 불을 뿜는다.

한두찬과 김상하, 박종달, 유기운 등이
수류탄을 던지고 총을 쏘며 수비대 뒤쪽을 습격한다.

범도 (narration)
상해 임시정부는 1920년을 '독립전쟁 원년'으로 선포했고
나는 '대한독립군' 명의의 '유고문'을 발표하여
독립전쟁 개시를 선언했다.

유고문 원본이 화면에 뜨고,
유고문 맨 밑에 발표 날짜와 발표자 이름이 보인다.

'… 아我 대한독립을 세계에 선포한 후
상上으로 임시정부가 유有하야 군국대사를 두主하며
하下으로 민중이 단결하야 만세를 제창할새
어시호於是乎 아我의 공전절후空前絶後한 독립군이 출동되었도다. …'

s#41

북간도 연길현 용정 (밖, 낮)

1920년 1월 4일, 연길현 용정 — 자막과 함께,

용정 남쪽 외곽, 눈이 조금 쌓여있는 양쪽 숲에 3명씩
젊은 철혈광복단원 6명이 총을 겨눈 채 매복하고 있다.
현금을 실은 말 1필과 우편행낭을 실은 말 1필이 다가오고 있다.
무장한 일본군 4명이 앞에서 호위하고 있다.
각각의 말을 은행직원 2명, 우편 수송인 1명이 끌고 있고
조선 순사 1명이 맨 뒤에 따라오고 있다.

한쪽에 윤준희, 박웅세, 김준이 긴장한 채 총을 겨누고 있고,
또 한쪽은 최봉설, 임국정 그리고 마지막에
가장 어린 한상호가 총을 겨누고 있다.
최봉설의 신호로 총을 발사한다.

순식간에 적을 제압한 단원들이 현금을 확인하고
최봉설이 현금 말에, 임국정이 우편행낭 말에 행낭을 버리고
올라타 맞은편 길로 사라지고
나머지 대원들은 반대쪽 숲으로 달린다.
카메라가 정신없이 달리는 한상호의 얼굴을 크게 잡는다.

젊은 철혈광복단 대원들이 일제가 회령에서 용정으로 보내는
철도부설자금 15만 원을 탈취하는 사건이 벌어졌다.
독립군 5천 명을 무장시킬 수 있는 큰돈이었다.
창동학교를 졸업하고 교사가 되어 나를 기쁘게 했던 상호가
그들 가운데 있었다.

s#42

북간도 왕청현 라자구罗子沟 하마랑蛤蟆塘 기독교 한인촌 막사 (안, 밤)

범도, 박경철, 이병채, 박종달, 허건돌, 정태 등 수뇌부가
침울한 표정으로 서 있고
곁에 점순과 한상봉도 서 있다.
한상봉이 고개를 숙인 채 눈물을 참고 있다.
어깨와 다리에 총상을 입은 최봉설이 유기운과 나란히 서 있다.

최봉설

… 어느 날 한상호가 저를 찾아와
대한독립군과 북로군정서에
무기를 마련해줄 길이 있다고 했습니다….

범도

… 왜, 너희들끼리 멋대로 작전을 한 것이냐?

최봉설

비밀 유지도 해야 했지만,

우리끼리 해내야 한다고 생각했습니다….

유기운

무기를 구매하려고 블라디보스토크에 가서…

엄인섭을 만났답니다.

엄인섭이 우리 감찰부장이기도 하고

임국정과 의형제이기도 해서….

엄인섭 중개로 무기를 계약한 후,

그가 정해준 숙소에서 잠을 자다가 습격을 당했답니다….

범도

(눈을 감았다 뜨며)

의심은 가는데 증거가 없어서, 그놈을 남겨두고 온 게

큰 실수였다.

엄인섭, 이놈은 안중근의 의형제였고 나와도 의형제였다.

정태 대장!

정태

(앞으로 나서며)

예!

범도

특공대원 몇 명을 꾸려 엄인섭을 처단하고

그놈의 혀를 뽑아 오시오.

정태

예, 알겠습니다!

한상봉이 참았던 울음을 터트린다.
점순이 한상봉을 안아주며 같이 눈물을 흘린다.
범도의 눈에도 눈물이 맺힌다.

범도 (narration)

그 시간 연해주에서 일본군이 '4월 참변'을 일으켰고
신한촌이 파괴되고 최재형 선생이 죽임을 당했다.

화면 어두워진다.

s#43

왕청현(현 도문시) 봉오골 (밖, 낮)

범도 (narration)

우선 최진동의 군무도독부와 안무의 국민회군,
내가 이끄는 대한독립군 사이에
연합이 성사되어 '대한북로독군부'가 만들어졌다.

1920년 6월 4일, 봉오골 — 자막과 함께,

한반도 동북과 북간도, 연해주 중심의 위성사진이 나타나고,
급격하게 확대되면서 두만강 강변의 종성, 삼둔자, 도문이 보이고

드론이 훑듯이 봉오골의 계곡을 따라 하촌, 중촌, 상촌까지
쭉 올라가며 다가간다.
각각의 마을에 30호에서 60호 정도 한인 가옥이 있고,
논과 밭이 잘 구획되어 있다.
하촌에는 공장들, 중촌에는 학교, 회당,
커다란 연병장과 막사들도 보인다.
중촌의 연병장과 중촌과 상촌의 좌우 산자락에서는
연합 부대가 진지전, 고지전, 사격 훈련 등 각종 훈련을 하고 있다.

한 봉우리

상촌의 한 봉우리 위에서
최진동(36세), 최운산(35세), 최치흥(33세) 3형제와
안무(37세), 범도 외 박종달, 허건돌, 박경철, 이병채 등이
부대가 훈련 중인 상촌을 내려다보거나
주변의 봉우리를 돌아보며 지형을 살피고 있다.

범도

대단합니다.
우리가 나라를 되찾으면 어떤 나라를 만들어야 하는지
최 장군님 형제들께서 여기 봉오골에
본보기를 만들어놓으신 것 같습니다.

최진동

하하하!
장군님 눈빛은 여기가 천혜의 요새라고 말하고 있는 것 같은데요.

범도

하하하!

여기는 지켜야 하는 곳이지 싸울 곳은 아니지 않습니까?

최운산

이제 대한민국 군대의 군영입니다.

시간 경과

중촌 중심부

범도 일행이 왼편 학교와 회당, 오른편 연병장 사이의 길로
내려오고 있다.

연병장에서는 신입 병사들의 훈련이 한창이고
뒤로 막사들이 보인다.
구내식당 앞에서는 소가 끄는 거대한 맷돌이 콩을 갈고 있다.
저녁 식사 준비가 한창인 듯 곳곳에서 연기가 피어오르고 있다.

회당에서는 마을 부인회 여성 20명 정도가 모여
재봉틀 10대를 쉬지 않고 돌리며
부지런히 군복, 군모 등 독립군의 보급품을 만들고 있다.
최운산의 부인인 김성녀(30세)와 부인회장 오복녀(60대)가
이들을 독려하다가
다 만들어진 군복과 군모를 들고 밖으로 나간다.
김성녀의 어린 딸 청옥과 아들 봉우가
엄마 곁에서 거드는 시늉을 하며 따라나선다.

김성녀와 오복녀가 밖에 세워져 있는 수레에
군복을 가지런히 쌓다가,
범도 일행이 가까워지자,
청옥과 봉우가 아버지 최운산 곁으로 달려가 안긴다.
김성녀와 오복녀가 범도와 안무 등을 향해 깍듯하게 인사하고
범도와 안무 등도 깍듯하게 인사를 한다.

범도 일행 쪽으로 정찰대장 한두찬과
신민단의 10대 후반 정찰대원 이홍수,
점순, 김상하가 급하게 달려와 한두찬이 대표로
"독립!"이라고 외치며 경례를 한다.
최진동이 대표로 "독립!"이라며 경례를 받는다.
한두찬이 이홍수에게 직접 보고하라는 눈짓을 한다.

이홍수
우리 신민단이 두만강 넘어 일본군 초소 하나를 박살 내는
실전연습을 마치고
삼둔자에서 두만강을 건너오려다 발각되어,
강양의 왜놈 헌병대와 교전을 벌이고 있는 사이,
아라요시의 남양수비대가 도문으로 강을 건너와
우리 배후를 공격했고
우리는 일광산을 통해 후퇴하고 있습니다.

범도
일본 놈들이 중국 땅까지 들어왔다고?

한두찬

일단 저격 중대와 백두산 중대를
지원군으로 출동 준비시켰습니다.
두만강 강변의 일본군 수비대들이 급하게 이동 중이고
청진의 19사단 본부에서 야스카와 소좌가 이끄는
월강越江 추격 대대를 편성해서
도문 쪽으로 다가오고 있다고 합니다.
작정하고 강을 넘어올 생각인 것 같습니다.

안무

월강추격 대대가 넘어온다면… 싸울 수 있는 데가….

최운산

여기서 싸워야겠군요….

범도

그건…….

김성녀와 오복녀도 떨어진 곳에서 듣고 있다가,

오복녀

장군님, 여기서 싸우면 우리가 이길 수 있습니까?

범도

(놀라 돌아본다.)

김성녀

우리가 여기를 왜 터전이자 요새로 키웠겠습니까?

언젠가 여기서 싸워야 할 날이 올 줄 알고 있었기 때문입니다.
우리가 봉오골을 내주면 우리 대한민국 군대가 이깁니까?

범도

(눈을 깜박이며)
예, 이깁니다.

최진동

(최운산에게)
즉시 전 부대 전투태세 갖추고 주민들은 피난 준비 시켜라.

최운산

예, 알겠습니다.

범도

(점순과 김상하를 보며)
가서 신민단의 퇴로를 열어주고,
적을 공격하는 것처럼, 후퇴하는 것처럼 하면서
조심스럽게 유인하라.

김상하

왜놈들이 우리한테 하도 당해서 그런 것으로는 안 먹힙니다.
범처럼 공격하고 제비처럼 후퇴하겠습니다.

범도가 김상하를 뚫어지게 바라본다.
김상하의 얼굴 위에
범도의 첫 번째 동지 김수협의 얼굴이 겹쳐진다.

김상하는 마치 얼굴에 수염과 칼자국이 없는
잘생긴 김수협처럼 보인다.

범도

출발하게.

한두찬

예!

(대표로 최진동을 향해 경례한다.)

독립!

최진동

(대표로 경례를 받으며)

독립!

한두찬, 점순, 김상하, 이홍수가 뛰어나가고,
봉오골에 비상 나팔이 급하고 길게 울린다.

s#44

봉오골 상촌 (밖, 낮)

1920년 6월 7일 — 자막과 함께,

북쪽은 봉오봉의 깎아지른 절벽이 가로막고 있다.

서산에는 범도의 2개 중대와 위아래로 2개 중대가

더 매복하고 있고,

동산에는 최진동, 안무의 사령부와 위아래로 2개의 중대가

125

배치되어 있다.

남산에는 신민단이 매복하고 있다.

상촌 중심부

후퇴하면서 남산과 동산 사이, 상촌 입구로 들어서던

점순의 저격 중대가

상촌 중심지를 지나 서북쪽으로 자리를 잡고 사격 자세를 취하자,

김상하의 백두산 중대 역시 후퇴해 다가오다가

저격 중대 아래 적당한 거리에 자리를 잡고

적의 선봉대가 나타나자 맹렬하게 총을 발사한다.

김상하가 포수처럼 정확하게 총을 발사하고 적이 고꾸라진다.

뒤에서 백두산 중대를 엄호 사격하던 점순의 저격 중대가

뒤로 후퇴해 간격을 벌리면서 다시 자리를 잡고

김상하가 뒤를 확인한 후

부대원들에게 동북쪽으로 퇴각하라는 신호를 보낸다.

김상하가 후퇴하면서도 위험하게 상체를 드러내놓고

맹렬하게 총을 쏜다.

서산 쪽

범도가 천리경으로 김상하를 응시하다가, 옆에 있는 한두찬에게

범도

저놈 저거, 목숨이 몇 개 되는 줄 아는 것 같은데….
백두산에서 어떻게 가르친 거야?

한두찬

가르치긴요, 신흥무관학교 출신인데, 못 말려요….

범도

왜 백두산으로 왔대, 서로군정서나 북로군정서로 안 가고?

한두찬

직접 물어보세요.

범도

그것도 비밀이냐?

(고개를 갸웃하며)

쏙 빼닮았단 말이야….

저격 중대와 백두산 중대와 일본군의 선봉대까지
봉오봉 절벽 양쪽 방향으로
상촌의 맨 위쪽으로 다가가도록 지켜만 있다가
월강추격 대대 본대가 상촌의 중심부로 들어서
서쪽과 동쪽으로 나뉘어 다가오자,

범도가 다가오는 적들 사이, 멀리 후미의 기마병 장교와 말을
연달아 쏘자
장교가 떨어지고 말이 날뛰면서 소란이 생기고
일제히 독립군의 사격이 시작된다.

동산 쪽

동쪽으로 다가오던 적들이 서쪽에서 사격이 시작되자
반대쪽으로 몸을 돌린다.
그 순간 최진동 장군이 신호를 하자
아군의 맥심 기관총이 불을 뿜으며
동산에 매복한 독립군의 일제 사격이 시작된다.
적이 혼비백산하여 추풍낙엽처럼 쓰러지다가
왔던 길로 되돌아가려고 하다가
남산 쪽에서 신민단의 사격이 시작되자
포위되었음을 깨닫고 우왕좌왕하다가,
계곡의 길게 움푹 파인 곳으로 몸을 숨기며
총과 기관총을 난사한다.

시간 경과

서산 쪽

박종달

저놈들 머리 처박고 기어 나올 생각을 안 하네….

박경철

밤까지 버틸 셈입니다.
북쪽 봉오봉 절벽에서 내려가 뒤를 치면 좋을 텐데요.

범도

…….

독립군들 뒤에서 김성녀와 오복녀를 비롯한
군복 입은 여성 10명 정도가
어깨에 바랑을 둘러메고 소쿠리를 하나씩 든 채
총을 겨누고 있는 독립군들 사이로 조심스럽게 다가와
소쿠리에서 주먹밥을 꺼내 주거나 입에 물려준다. 물도 준다.

박종달

(옆에 다가온 김성녀에게)

와, 우리 보급 사령관님, 군복 멋지십니다!

김성녀

총도 쏠 줄 압니다, 하하.

박경철

(먹여주는 밥을 씹으며)

와, 전투 중에 이런 호사를 누려보다니… 독립군 할 만하네….

범도는 계속 겨냥하고 있다가 고개를 내미는 적을 1명 저격한다.
오복녀가 범도의 입에 밥을 물려준다.

범도

(일어나 앉아 밥을 씹으며)

아침에 무지개 보시고 오후에 비 올 거라고 하셨잖아요?

오복녀

새벽녘 별빛이 흔들렸으니, 강풍도 불 겁니다.

범도

저도 포수 출신이라 제비 낮게 나는 거 보고,

비는 짐작했습니다만

어떻게 그렇게 세세한 것까지 자신하십니까?

오복녀

(웃으며)

늙어서 그런가, 저는 몸에도 구석구석 신호가 옵니다.

지금 저 봉오봉 위, 구름 아래 색깔을 보면,

두 식경 후에는 폭우가 쏟아질 거 같습니다.

범도

음.

범도가 손짓으로 주변의 참모를 모은다.

범도

밤 되기 전에 동쪽 방향 놈들은

봉오봉과 동산 사이로 퇴로를 열어주고,

우리 쪽과 남쪽을 향하고 있는 놈들은 동산과 남산 사이로 몬다.

박종달

그 사이 비가 와준다면…

빗속에서 동산 뒤쪽 비파골에서 왜놈들끼리 마주치게 한다,

이거지요?

범도

밑져야 본전입니다.

박경철

그럼 봉오봉 절벽에서 내려가 뒤에서 몰아야 하는데
너무 가팔라서….

오복녀

제가 절벽 사이 토끼 길을 알아요.
포수 출신들이라면 그 길로 갈 수 있을 겁니다.

박종달

그럼 제가 갑니다.

범도

포수 출신으로 2개 분대 추리시오. 나도 갑니다.

(박경철에게)

참모장은 우리가 내려가는 동안,
적이 뒤돌아보지 않도록 엄호 사격을 하시오.

박경철

예, 알겠습니다.

범도

(한두찬에게)

정찰대장은 즉시 최진동 총사령관에게 작전 보고하고
각 중대에 알리시오.

한두찬

예, 알겠습니다.

봉오봉 절벽

오복녀가 관목 사이 좁은 토끼 길을 가리키고,

범도가 오복녀에게 고맙다고 가볍게 경례하고 먼저 내려가고

오복녀가 웃으며 장난스럽게 경례를 받는다.

박종달과 유상돈이 이끄는 2개 분대가

경사가 가파르지 않은 곳은 달리고

가파른 곳은 매달리며 위태롭게 절벽을 내려간다.

서산 쪽

천리경으로 범도 쪽을 살피던 박경철이 신호를 하고

이병채, 유기운, 허건돌이 각기 대원들을 이끌고 엄호 사격 하며

천천히 전진하기 시작한다.

봉오봉 아래

절벽을 내려온 범도와 박종달, 유상돈의 분대가 돌진한다.

적이 뒤에서 총알이 날아오자 갈팡질팡하며 마구 쏘아댄다.

범도가 총을 쏘며 전진하는 사이,

범도 비스듬히 뒤에서 달려오던 박종달이 총에 맞아

천천히 쓰러진다.

유상돈이 놀라 박종달을 끌어안는다.

범도는 박종달이 쓰러진 걸 모르고 계속 전진한다.

박종달

(유상돈에게 안긴 채)

… 나 됐으니까, 빨리 가. 범도를 지켜라.

유상돈

형!

박종달

(유상돈을 밀어내며)

… 빨리 가라고, 인마!

유상돈은 울면서 박종달의 이마에 입을 맞춘 후,
앞으로 나아가고,
박종달은 엎드린 채 총을 계속 발사한다.

전체 고지에서 여기저기 산발적으로 벌어지던 전투가
금방 격렬해진다.
갑자기 번개가 치고 천둥이 울리며 폭우가 쏟아지기 시작한다.

남쪽을 맡은 신민단 중대도 전진하고.
점순의 저격 중대와 김상하의 백두산 중대도
갑자기 나타나 진격하자
적이 두 갈래로 나뉘어 봉오봉과 동산 사이, 동산과 남산 사이로
밀리기 시작한다.
점순이 진격하는 사이, 죽은 줄 알았던 일본군 장교 한 놈이
점순을 향해 단총을 겨눈다.

김상하가 점순을 향해 몸을 날리며 일본군 장교를 사살하지만,
자신도 총에 맞아 점순 위로 쓰러진다.

비파골 합류 지점

위에서 내려오는 일본군과 아래에서 올라오는 일본군이
서로 마주치자 당황한다.
세찬 비와 운무 때문에 앞이 안 보이자,
적인 줄 알고 서로 맹렬하게 사격하기 시작한다.
화면 어두워진다.

시간 경과

상촌 중심부

저녁이 되었고 여전히 가는 비가 날리고 있다.
격렬했던 전투와 비로 벌판은 진창이 되었고
적군의 시체가 여기저기 참혹하게 널브러져 있다.
한쪽에서 범도가 오랜 친구이자 동지 박종달을 꼭 껴안고 있다.
어깨가 가볍게 떨린다.
유상돈, 허건돌을 비롯한 오랜 동지들이 범도 주위에 서서
비를 맞으며 말없이 울고 있다.

다른 한쪽에서는 점순이 죽은 김상하를 안고
단말마의 신음을 내며 울고 있다.

으아아아, 상하야!
상하가 나를 살리고 죽었어요, 으아아아!

유기운을 비롯한 젊은 독립군들이
점순을 둘러싸고 비를 맞으며 울고 있다.

범도 (narration)

왜놈 180명을 죽였다. 아군은 4명이 전사했다.
왜놈들은 늘 그랬듯 퇴각하면서
숨어 있던 우리 양민 18명을 죽였다.
부인회장 오복녀와 어린 손녀 둘이 거기 들어있었다.

s#45

연길현 의란구 대한독립군 임시 주둔지 (안팎, 밤)

1920년 9월 — 자막과 함께,

연길 북쪽 깊숙한 계곡 한인 마을에 자리한
홍범도 부대의 숙영지가 달빛 속에 보인다.

지휘부 막사 안

2줄로 둥글게 의자가 배치되어 있고
북로군정서의 총재 서일(39세),
사령관 김좌진(31세), 부관 김훈(26세),
연길의 대한국민회 회장 구춘선(62세),

국민회군 사령관 안무(37세),
대한독립군 사령관 홍범도, 대대장 유상돈, 참모 이병채,
신민단, 한민회, 의민단 대장과 참모 등이 끼리끼리 앉아 있다.
북로군정서와 대한국민회는 사이가 좋지 않아 보인다.

구춘선

연길에 있는 우리 국민회가

임정의 북간도 지방정부나 마찬가지요.

여기 한인들의 뒷받침과 희생을 요구하려면

우리가 중심이 되어야 말이 먹히지 않겠소?

서일

… 맞습니다만, 중요한 건 전투력입니다.

일전에 합의한 대로 해야 뒷말이 없을 것으로 생각합니다만….

안무

본격적인 이야기는

서간도 서로군정서 분들이 도착하면 시작하시지요?

김좌진

… 특무전단인가 하는 일본군 낭인 놈들이

중국 마적단까지 거느리고

우리 한국인들에게 만행을 저지르고 있습니다.

우리랑 가까운 연해주의 일본군도

우리 쪽으로 다가오고 있다고 합니다.

홍 장군님, 이번에 만주 군벌 맹부덕 사령관 만난 일은

미리 말씀해 주셔도 되지 않을까요?

범도

조선총독부 경무국장 아카지가 일본 정부의 밀사로

봉천에서 장작림을 세 번째 만나,

중일이 연합해 우리를 토벌하자고 압박한 모양입니다.

맹부덕 사령관과 연길 성장城將 서정림은 우리에게 우호적이라

그동안 시늉만 했습니다만,

더 지체하면 공격할 수밖에 없다고 합니다.

서일

이미 두 차례 공격을 했습니다.

연길 성장은 포귀경으로 교체되었고요.

범도

(고개를 끄덕이며)

일본 육군이 '간도 불령선인 초토 계획'이라는 걸 세우고

19사단 전부와 관동군,

서울, 연해주, 시베리아 주둔 5개 사단의 일부까지

2만 5천 병력을 출동시켜 국경 쪽으로 다가오고 있지 않습니까?

안무

그건 중국에 전쟁 선포를 하는 것과 마찬가지인데,

중국을 압박해 우리를 쫓아내려고 하는 거 아닐까요?

범도

제 생각에는 장작림을 만난 것도 명분 쌓기 같습니다.

늘 그랬듯 일본 놈들은 결정적인 빌미를 조작해서
곧 쳐들어올 겁니다.
빨리 백두산 방면으로 집결해야 합니다.
김좌진 장군님, 북로군정서는
왜 아직도 이동하지 않고 있는 겁니까?

김좌진

준비는 다 갖추었습니다만,
노서아에서 오기로 한 무기가 아직 다 오지 않았습니다.
다 오는 대로 사관연성소 졸업식도 앞당기고 바로 출정할 겁니다.

유기운이 문을 열고 들어선다.

유기운

서로군정서 이상룡 독판께서 도착하셨습니다.

홍범도

뭐, 선생님이 직접 오셨다고?

모두 놀라 일어서 우르르 영접하러 밖으로 나간다.

막사 앞뜰

이상룡(62세)이 흰 머리와 흰 수염을 날리며
부독판 여준, 참모장 김동삼과 다가오고 있다.
구춘선이 바삐 다가가 이상룡과 반갑게 악수를 한다.

이상룡

아이고, 구춘선 회장님, 오랜만입니다.

구춘선

안녕하셨습니까? 이상룡 독판님!

모두 이상룡을 향해 허리를 깊이 숙인다.
앞에 서 있던 범도가 허리를 숙이는 것 같더니
그대로 땅에 엎드려 큰절을 한다.
범도가 하니 다른 사람들도 모두 따라 절을 한다.

이상룡

(다가와 범도의 어깨를 잡으며)
홍 장군, 이러지 마시오!

이상룡도 하는 수 없이 맞절하고
범도를 얼른 일으켜 세우더니 끌어안는다.

이상룡

(범도에게만 들리게)
홍 장군, 봉오골에서 총사령관을 양보했다면서요?
고맙소, 고맙소!
(한 발 나서서 다 들리게)
우리가 전쟁에 져서 나라를 빼앗겼소?
매국노들이 문서에 도장을 찍어서 팔아넘겼단 말이오!

그런 우리가 독립전쟁을 시작하고 1회전을 승리하다니
이 늙은이 가슴이 터질 것 같소.
내 벅차서, 그리고 미안하고 답답해서 직접 왔소.
우리 서로군정서도 지청천 사령관이 부지런히 준비하고 있으니
곧 제 몫을 할 거요.
우리 서로군정서는 가장 낮은 자리로 가겠소.
나라 잃은 죄인들이 나라 되찾자는 전쟁에서
무엇을 따진단 말이오.
우리가 봉오골에서 어떻게 이겼소?

구춘선도 서일도 모두 말이 없이 고개를 숙인다.

범도 (narration)
우리는 연합에 합의했으나
일본은 곧 마적을 동원해 혼춘의 일본영사관을 공격했고
일본인까지 죽이고는 우리 독립군의 소행으로 꾸민 후,
간도로 들이닥치는 바람에
편제를 갖추지 못한 채 독립전쟁 제2회전을 시작해야 했다.

s#46

화룡현(현 허룽시) 청산리 백운평 (낮, 밤)

위성사진이 짙어지면서 백두산이 보이고
사진이 북동쪽으로 조금 확대되어

화룡현 청산리 일대 울창한 산악지대의
백운평, 완루구, 어랑촌, 고동하 등 독립군의 격전지가 보이고
백운평으로 휙 다가간다.

10월 21일, 백운평白雲坪 — 자막과 함께,
좌우가 절벽인 깊숙한 계곡까지 진입한 일본군을 향해
김좌진의 북로군정서가 맹렬하게 공격을 퍼붓고 있다.
4문의 기관총에 2문의 박격포까지
제대로 무장을 갖추고 싸우고 있다.
젊은 김좌진이 자신의 부대를 종횡무진 누비며
침착하게 전투를 지휘한다.
부관 김훈도 김좌진의 곁에서 보좌를 침착하게 하고 있다.

범도 (narration)

백두산 방면을 맡은 북로군정서는
도착하자마자 치른 독립전쟁 제2회전의 첫 전투에서
적 300명을 없애는 대승을 거두었다.
과연 김좌진이었다.

s#47

화룡현 완루구 (낮, 밤)

범도 (narration)

같은 날 밤, 북쪽 방면을 맡은 우리 부대는

완루구의 한인들을 대피시키고 수면을 취하고 있었다.

마을 안

10월 22일, 03시, 완루구完樓溝 — 자막과 함께,

밝은 달빛 아래 개울과 길이 길게 이어지고,

옆에 산이 둥그렇게 감싼 곳에 아늑한 한인 마을이 보인다.

드문드문 독립군 초병들이 마을 입구 등 주요 지점에서

보초를 서고 있는 가운데

좀 커다란 집으로 카메라가 다가간다.

한상봉이 대문에서 보초를 서고 있다.

방문이 열리고 잠에서 깬 범도가 마당으로 내려와 걸어온다.

대문에서 보초를 서고 있던 한상봉이

범도를 향해 돌아서서 경례를 한다.

한상봉

더 주무시지 않고요?

범도

(하늘을 보며)

… 꿈속에서… 동지들이 나를 찾아왔다….

한상봉

……?

밤하늘은 투명하다. 북극성과 은하수까지 밝게 빛난다.

새들이 멀리 위쪽 능선을 낮게 불규칙하게 날아간다.

범도가 깜짝 놀란다. 뒤를 돌아본다.
아래쪽 계곡에서도 멀리 새들이
낮게 불규칙하게 나는 것이 보인다.

범도

세상에…!
(한상봉을 돌아보며)
한상봉 중대장! 조용히 전 대원 완전군장으로 집합시키게.

한상봉

예?

범도

전 부대를 둘로 나누어 조용하고 신속하게
마을 뒷산으로 올라가 마을 전체를 감싸게 하게.

한상봉

예, 알겠습니다.

한상봉이 뛰어가 초병들에게 신속하게 지시를 내리고
범도는 다시 방 쪽으로 달려간다.

시간 경과

마을 뒷산

독립군들이 이미 뒷산으로 올라가 마을을 감싸고
총을 겨누고 있다.

양쪽에 기관총도 배치되어 있다.

박경철이 천리경으로 마을 위쪽 입구를 보고 있다.
이병채는 마을 아래쪽 입구를 보고 있다.

박경철

(천리경을 곁에 있는 범도에게 건네며)
진짜 나타났습니다, 장군님!

이병채

아래쪽도 나타났습니다!

범도의 천리경 안으로 일본군의 대부대가
위아래 양쪽에서 조용히 접근하는 것이 보인다.

마을 안

텅 빈 마을, 개울가 낮은 곳에 점순과 유기운이 위쪽에서
다가오는 적을 향해,
한상봉과 홍용환은 아래쪽에서
다가오는 적을 향해 총을 겨누고 있다.
점순이 고개를 돌려 한상봉에게 고개를 끄덕이자
네 사람은 동시에 양쪽에서 다가오는 적을 향해
장전한 총알을 다 쏜 후,
개울을 건너, 마을 맞은편 산으로 달린다.

적들은 마을 중앙에서 총알이 날아오자

총을 쏘며 다가오다가

서로를 향해 발사하고 곧 적들끼리 무지막지한 전투가 벌어진다.

마을 뒷산

범도가 천리경으로 점순과 유기운, 한상봉과 용환이가

개울을 건너 맞은편으로 무사히 달려가는 것을 보고

천리경을 내려놓는다.

산 위의 독립군들은 적끼리 싸우는 상황을

미소를 지으며 지켜보고 있다.

유상돈

어떻게 된 거예요?

범도

한밤중에 꿩과 산비둘기가 낮게 날더라니까….

유상돈

그러니까, 잠들면 밀정이 칼로 찔러도 주무실 양반이

하필 그때 깨서 그걸 봤냐고요?

범도

(멀리 적을 향해 총을 겨누며)

… 먼저 간 동지들이 우리를 구했네.

꿈속에서… 내 곁에서 죽어간 그 많은 동지들이…

맨 처음 죽은 김수협부터 맨 나중 죽은 박종달과 김상하까지,

한 명도 빠짐없이 나를 찾아와 주었네…

유상돈

예?

범도가 발사하자, 양쪽의 기관총이 불을 뿜고,
독립군들이 총을 쏘며
앞으로 똑같은 속도로 천천히 전진하기 시작한다.

범도 (narration)

적 250명을 없앴다.

백운평 전투에 못 미쳤으나

내가 새랑 말을 한다는 소문이 돌았다.

시간 경과

마을 안

새벽이 되었고 홍범도 부대원들이
여기저기 널브러진 일본군의 시신들부터
무기와 탄환, 건빵 등과 같은 보급품을 노획하고 있다.
아래 입구에서 백마 한 필이 먼지를 일으키며 달려오고 있다.
북로군정서 김좌진 장군의 말에 부관 김훈이 타고 있다.
김훈이 지휘부까지 바로 달려와 말에서 내려 범도에게 경례한다.

범도

김좌진 장군의 부관 김훈 중대장 아닌가?

김훈

예, 홍 장군님이 제 얼굴을 아시니 저를 직접 보내셨습니다.
밀정 때문에요….

범도

북로군정서가 백운평에서 대승을 거두고
곧바로 천수평 泉水坪 으로 이동해
적의 기병 중대를 몰살시킨 것까지는 보고를 받았네.
너무 무리하는 것 아닌가?

김훈

지금 우리 부대가 어랑촌에서 적과 붙고 있습니다.

범도

그새 또?
어랑촌은 우리 독립군 진영 한가운데라
주민을 대피시키지도 않았는데?

김훈

천수평 전투 후 철수하다가 적이 어랑촌으로 온다는
정보를 입수해서요….

범도

(옆의 참모들에게)
척후대 2개 분대를 먼저 어랑촌으로 보내고,
전 부대 즉시 출동 준비하시오.

한상봉이 손을 들고

"백두산 중대 1 소대 1분대, 2분대!" 소리치며 뛰어나가자
금방 2개 분대가 대오를 갖추고
나팔이 울리고 깃발이 빠르게 돌자
전 부대가 여기저기서 대형을 바로 갖추기 시작한다.

범도

(김훈을 돌아보며)

전황은?

김훈

874고지를 선점하고 총력전을 펼치는 중입니다.

범도

퇴로는?

김훈

시간이 지나면 고립될 것 같아서 저를 미리 보내신 것 같습니다.

범도

어차피 포위되었다면 자네는 우리랑 같이 움직이도록 하게.

김훈

예.

범도가 부대의 출발 준비를 지켜본다.
척후대는 이미 저만큼 달려 나가고 있고,
전 부대가 그새 이동 준비를 마치고 있다.

김훈

정말 빠르군요….

범도

(일본군한테 노획한 건빵을 내밀며)
자네 부대는 2박3일을 잠도 못 자고 먹지도 못했을 텐데…

김훈

(건빵을 받으며)
… 저, 장군님.

범도

(부대를 보다가 김훈을 돌아본다.)

김훈

봉오골에서 전사한 김상하 중대장이
제 신흥무관학교 동기였습니다.

범도

(돌아서며)
… 친했나?

김훈

(고개를 끄덕이며)
단짝이었습니다.

범도

보통 거기 출신은 지청천 부대나 김좌진 부대로 가는데…

김훈

상하 아버님이 누군지 아십니까?

범도

(의아하게 바라본다.)

김훈

그놈 말 안 했을 겁니다.
말하면 장군님이 선봉에서 제외시킬 거라고….
장군님의 첫 번째 동지, 김, 수 자, 협 자 되시는….

전 부대가 도열을 마치고 대대장 유상돈이 경례하려는데
넋이 나간 범도의 무릎이 풀린다.
무너져 내린 범도가 바닥에 무릎을 댄 채
한동안 고개를 숙이고 있더니
하늘을 향해 고개를 든다. 단말마의 비명이 터져 나온다.
큰소리로 마구 울기 시작한다.
부대가 모두 얼어붙는다.
김훈도 선 채로 울고 있다.

s#48

화룡현 어랑촌 漁郎村 (밖, 낮)

어랑촌, 874고지

김좌진의 북로군정서가 고지에 기관포를 3문 배치하고
아래 능선에서 몰려드는 적을 향해 맹렬하게 싸우고 있다.

보병대, 기관포대, 박격포대, 후방의 기마대까지
엄청난 수의 적이 난사하며
김좌진 부대를 포위해 들어오고 있다.

옆 고지

874고지 오른쪽의 조금 낮은 고지로
홍범도의 부대가 조용히 빠르게 다가오고 있다.
기관포가 고지에 설치되고 5부 능선 정도에
점순이 이끄는 저격 중대가 배치되는 등,
약속된 듯 부대가 착착 자리를 잡는다.
범도가, 시선이 김좌진 부대를 향해 있는
후방의 일본군 기마 장교를 가늠쇠에 올려놓는다.
탕! 소리와 함께 기마 장교가 고꾸라지고,
기관포가 퍼붓고, 저격 중대가 적을 정확히 하나하나 쓰러트린다.

874고지

김좌진이 옆 고지의 홍범도 부대를 내려다보며 미소를 짓는다.
김좌진 부대원들이 함성을 지르며
더욱 맹렬하게 사격을 퍼붓는다.

옆 고지

범도의 곁에서 총을 쏘던 유기운이
문득 고개를 돌려 점순 쪽을 바라본다.
점순 쪽에서는 유기운이 잘 보이지 않는 곳에서

점순이 침착하게 총을 쏘고 있다.

유기운이 빙그레 웃다가 다시 사격하려고 앞으로 고개를 돌리자

바로 이마에 구멍이 뚫린다.

범도가 놀라 유기운에게 다가가 안고 돌아눕는다.

범도의 눈에 위쪽 점순이 보인다.

범도가 몸을 돌려 점순의 눈에 띄지 않게 유기운을 가리며

아득해진다.

시간 경과

옆 고지

점순의 저격 중대가 하나하나 정확하게 사격해

적을 쓰러트리고 있다.

점순이 총을 쏘다가 문득 눈이 한 송이 총신에 닿아

물로 변하는 것을 발견하고 하늘을 본다.

눈발이 날리기 시작하고 있다.

점순이 하늘을 향해 소녀처럼 행복한 미소를 짓는다.

점순

아, 눈이 오네…!

점순이 다시 침착하게 사격에 집중한다. 눈발이 굵어진다.

범도 (narration)

김좌진 부대와 함께 싸운 이 어랑촌 전투에서

적을 600명 넘게 없앴다.

독립군도 60명이 전사했다.

왜 적의 총알은 나를 피해 내 동생 점순이와 기운이를 향했을까?

두 사람을 같은 날 합장할 수 있었던 건…

불행 중 다행이었을까…?

s#49

화룡현 어느 산속 (밤, 해 질 무렵)

홍범도 부대가 산자락을 타고 이동하고 있다.

아래 계곡에서 말 두 필이 달려오고 있다.

앞선 말에는 한두찬이 타고 있고

뒤따라오는 말에는 얼굴을 가린,

치파오를 입은 여자가 타고 있다.

두 사람이 말에서 내려 범도 쪽으로 올라온다.

범도도 참모들과 급히 내려온다.

치파오를 입은 여자가 범도에게 허리를 깊이 숙여 인사를 한다.

복면 위 눈매를 자세히 보면,

1908년 개마고원에서,

안중군 부대와의 연합작전 정보가 노출되었다는 것을

알려주고 떠났던 그 여자다.

시간 경과

한두찬이 망을 보고 있고
다른 부대원들이 볼 수 없는 커다란 바위 뒤에서
범도와 복면 여자가 이야기를 나누고 있다.

복면 여자

… 엄인섭을 처단하러 떠났던 정태 대장이
일본 특무전단에게 당했습니다.

범도

(눈을 감았다 뜬다.)

복면 여자

놈들이 정태 대장만 살려두고 밀정으로 만들기 위해
온갖 고문과 회유를 했지만 자결했습니다.

범도

(숨을 깊이 몰아쉰다. 눈에 물기가 어린다.)

복면 여자

저는 상해를 거쳐 미국으로 갑니다.
장군님 뵈러 올 수 없게 되었으니
얼굴을 보여드려도 될 것 같습니다.
(복면을 내린다. 28세의 지적이고 강한 얼굴을 하고 있다.)
저… 원산보통학교에서 양순이와 같이 공부했었습니다.
한두찬 대장의 사촌 동생이기도 하고요.

범도

… 미국 공사관에서 일하고 있습니까?

복면 여자

(고개를 끄덕이며)

… 대한민국을 위해서 일하고 있습니다.

범도

한두찬, 참 입 무거워….

상해에 가면 이동휘 국무총리도 만납니까?

복면 여자

예.

s#**50**

화룡현 어느 한인 마을 (밖, 밤)

북로군정서가 주둔한 마을 한가운데 뜰에서

화톳불이 타오르고 있고

각 부대의 대장들만 화톳불에 둘러서서 비밀회의를 하고 있다.

참모들은 좀 떨어져서 둥그렇게 대장들을 에워싸고 있다.

신민단 대장

백두산이 바로 저기 보이는데 백두산은 밟아야 하지 않습니까?

의민단 대장

맞습니다. 우리가 모인 것은 국내 진공 때문 아니었습니까?

두만강, 압록강에 발도 안 담그고 포기하는 건….

홍범도가 조심스럽게 말을 꺼내려는 찰나,

김좌진

우리 전력이 다 노출되고 탄환도 거의 소진되었습니다.
장작림이 굴복하는 바람에 일본 군대가 만주를 휘젓고 다니고
마적들조차 돈벌이가 되니 우리 독립군 머리 사냥에 혈안입니다.
우리가 8번 싸워 8번 이겼지만 적은 더 불어나고 있습니다.
한 번 더 이기는 것보다 적에게 승리할 기회를 주지 않는 것이
더 중요합니다.

홍범도

(김좌진을 뚫어지게 바라보며 고개를 끄덕인다.)

안무

저도 재정비가 먼저라고 생각합니다.
일단 밀산으로 돌아가 전 부대를 통합하여
대한독립군단을 만듭시다.
노서아 극동인민공화국 정부가 우리에게
무기와 기지를 약속했지만,
그 문제도 독립군단을 만든 다음,
전체 의사를 모아 결정했으면 합니다.

홍범도

찬성합니다.

우리가 싸움만 할 수 있도록 뒤를 받쳐주는 나라가 있다면
얼마나 좋겠소?
우리의 승리는 북간도 주민의 희생 때문이었음을
잊으면 안 됩니다.
… 아마 앞으로 더 큰 희생을 치르게 될 것입니다.
우리가 더 일찍 연합을 이루어
유기적인 편제를 갖춘 상태에서 싸웠더라면
더 크게 승리했을 것입니다.

시간 경과

회의가 끝나 흩어지고 있다.
범도와 김좌진이 나란히 걸으며 이야기를 나눈다.

범도

한 가지 물어봅시다.
부대원들이 무척 지쳐있었는데 어랑촌 전투를 감행한 것은
무모했다고 생각합니다.
꼭 그래야 할 이유가 있었던 겁니까?

김좌진

적이 우리의 부대 배치와 작전 계획을 다 알고 있었습니다.
천수평 전투에서 죽인 일본군 장교의 품에서
적의 작전 문서가 나왔고,
적의 주력군이 어랑촌으로 진입한다는 걸 알게 되었습니다.

범도

그래요?

김좌진

적이 우리 연합 부대의 한가운데인 어랑촌을 차지하면
우리 전술이 다 무너지고
따로 움직이는 우리 부대들이 다 각개격파 당할 텐데
달려가지 않을 수 없었습니다.

범도

이런, 우리 부대가 장군님 부대를 구한 줄 알았는데
장군님 부대가 우리 모두를 구했군요….

범도가 김좌진의 손을 잡아끌어 다른 사람들과 떨어져
둘만 비밀스럽게 이야기를 나눈다.

범도

우리 작전 정보를 일본군에게 넘긴 밀정이 있습니다.

김좌진

예, 여러 놈 있겠지만 핵심적인 놈은
우리 부대 아니면 장군님 부대에 있을 겁니다.

범도

그 핵심적인 놈이 일본 특무전단 소속 한국인입니다.
가명을 쓰고 있겠지만 본명은 강경모,
왼쪽 눈에 큰 점이 있다는 것을

어제 다녀간 우리 정보원이 알려주었습니다.

김좌진

바로 색출에 들어가겠습니다.

범도

혹시 먼저 잡으면 제가 죽이게 해주십시오.

김좌진

예, 알겠습니다.

(무언가 생각났다는 듯이)

아, 여기 출신이라 지리도 밝고 우리 대종교인이라고 해서,

우리 부대 정찰대원으로 일하고 있는 자가 있습니다.

큰 점이 눈썹 위까지 나 있습니다.

범도

예?

시간 경과

마을 여기저기에서 독립군들이 식사를 하고 있고,

배식하고 있는 어느 집 앞에는 독립군 20명가량이 줄을 서 있다.

부관 김훈이 혼자서 줄로 다가가 슬쩍 말한다.

김훈

강경모!

한 명이 무심코 돌아본다. 왼쪽 눈 위에 커다란 검은 점이 있다.

김훈

강경모!

그자가 얼른 고개를 다시 돌리고 모른 척 움직이지 않는다.
김훈이 "야, 경모아!" 하면서 다가가자 갑자기 도망치기 시작한다.
그러나 바로 따라가 날아오른 김훈의 이단 옆차기에
그대로 고꾸라진다.
김훈이 다가가 다시 강하게 배를 걸어찬다.

김좌진과 범도가 굳은 얼굴로 다가온다.
강경모가 사색이 된다.

범도가 마주앉아 바로 칼로
강경모의 오른손 손목 인대부터 자른다.
비명을 지르는 강경모의 왼손 손목 인대에도 칼을 대며,

범도

특무전단 놈들 어디 있나?

강경모

… 고동하 아랫마을에 있습니다….

화룡현 고동하 아랫마을 (밖, 밤)

범도, 허건돌, 한두찬, 한상봉 등 2개 분대 병력이 조심스럽게
마을 구석 좀 커다란 별채가 2개인 중국인 집을 포위하며
위치를 잡는다.

집 안에 마적 2개 분대 정도가 주둔하고 있다.
말들도 여러 마리 곳곳에 묶여 있다.
강경모가 대문을 향해 다가간다.
대문을 지키던 마적이 총을 겨눈다.

강경모가 중국어로 뭐라고 하니까 들여보내 준다.
강경모가 마당에 서서,

강경모

山田軍曹、私はカン・イルホです!

(야마다 군조, 저 강일호입니다!)

일본군 복장을 한 야마다와 다른 일본군 한 놈이 환한 얼굴로
본채에서 밖으로 나온다.

범도가 다른 일본군 한 놈을 겨누고 신호를 내리자,
이미 표적 한 명씩을 겨누고 있던 독립군들이

161

일제히 사격을 시작한다.
강경모와 야마다만 빼고 모두 일거에 쓰러진다.

시간 경과

범도가 마당에 서서 땅바닥에 퍼져있는 야마다의 허벅지에
총을 한 방씩 쏜 후,
총구로 야마다의 이마를 찌르며,

범도

너희들 우두머리 나카노 어디 있나?

강경모

(일본어로 다시 말한다.)
てめぇらの頭、中野はどこだ?

야마다

…安図県の内頭山….

강경모

안도현 내두산이랍니다.

범도가 명치에 발사하고 야마다가 즉사한다.

범도

(돌아서며)
서로군정서, 지청천 부대가 위험하다. 서두르자.

강경모

장군님, 저도 여기서 죽여주십시오.

제가 살아있으면 제 가족이 죽습니다.

한두찬이 총을 겨누며,

한두찬

정태 대장의 목숨값이다.

총을 그대로 발사하고 강경모가 쓰러진다.
범도의 부대원들이 달린다.

s#**52**

화룡현 고동하 부근 홍범도 부대 막사 (안, 밤)

지청천 (off screen sound)

북로군정서를 비롯한 우리 부대들이

천보사 쪽으로 퇴각을 시작했고

일본군은 이 방향과 이 방향으로 쫓을 가능성이 큽니다.

일본군이 제작한 일본어로 된
안도현, 화룡현 중심의 지도를 펼쳐놓고
범도와 참모들,
복식이 조금 다른 서로군정서의 지청천 사령관과 참모들이

163

후퇴 계획을 짜고 있다.

지청천(32세)은 둥글고 검은 뿔테 안경을 쓰고 있다.

지청천

우리가 역으로 야음을 틈타 안도현 쪽에서 다가오는 적들을 뚫고
이렇게 우회하면 어떻겠습니까?

범도

음, 다른 부대의 퇴각 시간을 벌어주자는 거지요?

박경철

우리 정찰대가 확보해 둔 퇴로를 변경하는 건 위험합니다….

밖에서 말 멈추는 소리와 함께,
한두찬이 가쁜 숨을 몰아쉬며 들어온다.

한두찬

중대 병력의 적이 고동하로 오고 있습니다.
특무분조를 처단한 우리 부대를 쫓는 것 같습니다.

범도

지휘관은?

한두찬

소장 아즈마 마사히코,
전부터 장군님을 잡으려고 혈안이 된 놈입니다.

지청천

군단장이 중대 병력을 이끌고 출동한다? 있을 수 없는 일입니다.

한두찬

아즈마의 얼굴을 아는 우리 정탐이 직접 보았다고 합니다.

지청천

사실이라면, 주력군이 뒤따라오고 있거나,
군단장의 직할 대대가 그동안 병력을 너무 잃어
중대만 남았다는 건데….

범도

1개 중대면 나가서 붙어볼 만하지 않소?

이병채

다른 부대들이 다 퇴각을 시작했고
우리만 남았는데 고립될 수 있습니다.

범도

지청천 장군 말씀대로 적장까지 선두에 섰다는 것은
상부의 문책을 받기 전에 전과를 올리려고
무리해서 쫓아오는 것 아니겠소?

지청천

그렇습니다.
우리가 탄환이 떨어져 버티기 힘들 거라는 것도
알고 있기 때문이겠지요.

범도

그러니 역으로 우리가 치면?

지청천

하하, 아군이 안전하게 퇴각하도록
확실하게 시간을 벌어주자는 것이지요?

범도

북로군정서가 첫 전투를 했으니 마지막 전투는 우리가 합시다.

지청천

좋습니다!
관동군과 가까이 있어서 우리 서로군정서가
늦게 합류했습니다만,
빚을 갚을 기회를 주서서 감사합니다!

s#53

화룡현 고동하 아랫마을 (밖, 밤)

마적과 특무분조가 섬멸당했던 중국인 집으로
일본군들이 들어서서 수색한다.
말을 탄 아즈마 소장과 참모들이 뒤늦게 들어서서 상황을 살핀다.
부관이 정찰대원과 함께 뛰어들어와 보고한다.

부관 (일어)

1시 방향에 막다른 계곡이 있는데

조금 전 불빛이 보이다가 급히 사라졌다고 합니다.

아즈마 소장

(비열하게 웃으며)

뻔한 독립군 놈들 유인책일 것이다.

들어가지는 말고 계곡 입구를 차단하라.

조용히 능선으로 올라가 계곡을 포위하고

내려가면서 매복한 놈들을 섬멸하라.

부관

예, 알겠습니다!

s#54

화룡현 고동하 계곡 (밖, 밤)

계곡 아래 잔불에서 연기가 조금 피어오르는 가운데

능선을 따라 올라간 일본군들이 계곡을 포위한 후 내려가고 있다.

일본군의 포위망이 좁혀졌을 무렵 능선 뒤에 숨어 있던

오른쪽을 맡은 범도의 부대와

왼쪽을 맡은 지청천의 부대가 보인다.

범도가 곁의 지청천에게 나직하게 말을 건다.

범도

… 장군님 만나면 한번 안아주고 싶었는데 그 틈이 없었습니다.

지청천

예…?

범도

대한제국 육군무관학교 마지막 생도였다가

일본 육사로 유학하러 간 사이 나라가 망해

일본군이 될 수밖에 없었던 사정은 알고 있소만,

어떻게 탈영해서 독립군으로 돌아올 생각을 한 거요?

지청천

경술국치 때 바로 돌아올까 하다가

마저 육사 졸업하고 일본군으로 복무도 해서

배울 거 다 배우고 독립군에 돌아가 일본군과 싸우자,

다짐했었지요.

같이 다짐했던 동지들 가운데

아직 세 사람밖에 돌아오지 않았으니

장차 서로 총을 겨눠야 하는 일이 벌어질까, 걱정입니다.

범도

…….

지청천

이 전투 이기고 안아주십시오.

저야말로 장군님한테 큰절 올리고 싶었는데 틈이 없었습니다.

날이 밝아오기 시작하고

한두찬이 슬며시 다가와 때가 되었다는 신호를 하고,

범도가 손을 들었다가 내리자 전 부대가 함께 능선을 넘어
계곡을 내려가고 있던 적을 뒤에서 다시 포위하고 총을 겨눈다.
범도가 계곡 입구의 말을 탄 장교를 저격하자
일제 공격이 시작된다.
유상돈, 허건돌, 박경철, 이병채, 한상봉, 홍용환 등도 앞장서
총을 쏘며 다가간다.

눈이 내리기 시작한다. 금방 폭설로 변한다.

s#**55**

안도현 산악지대 (밖, 낮)

세상이 온통 눈으로 덮인 가운데
범도가 높은 산의 능선을 무릎으로 기어오고 있다.
얼굴과 몸이 온통 눈과 얼음으로 범벅이다.
범도의 앞에도 한상봉, 홍용환 등 독립군들이 기어가고 있고
뒤에도 유상돈, 허건돌, 박경철, 이병채 등
독립군들이 끝없이 기어오고 있다.
좌우가 은폐된 곳에서는 무릎으로,
트인 곳에서는 아예 엎드려 기고 있다.

독립군들 아래로 멀리
일본군 부대들이 계곡을 따라 산자락을 훑으며
뒤로 지나가고 있는 모습이 보인다.

범도처럼 얼굴이 눈으로 덮이고
수염에는 고드름이 달리고 안경까지 뿌연 지청천이
바짝 기어와 말한다.

지청천

와, 이렇게 적진 돌파하는 건
일본 육사에서도 배운 적이 없습니다.

범도

내가 개마고원에서 날아다녔다는 거 다 거짓말입니다.
이렇게 슬하게 기어다녔습니다. 하하하.

카메라가 높은 하늘에서 아래 산악지대 독립군들을 잡는다.
마치 개미떼처럼 한 줄로 가장 높은 산의 능선을
기어가고 있는 모습이 보인다.

다시 카메라가 내려와
범도의 눈과 얼음으로 덮인 얼굴을 크게 잡는다.

범도 (voice over)

독립전쟁 제2회전에서 함께 싸운 우리는
10전 10승 했고 적군을 1200명 넘게 없앴다….
내가 끝없이 싸운 건,
먼저 간 동지들에게 그리고 후손들에게
부끄럽지 않기 위해서였다….

나는 동지들이 곁에서 죽어가는 걸 끝없이 지켜봐야 했고
비록 적이지만 너무나 많은 사람을 죽였다.
내 삶은 전혀 행복하지 않았다.
그러나 동지들 때문에 외롭지 않았다.

범도의 얼굴이 고정된다. 화면이 하얗게 날아간다.

범도 (narration)

나는 1943년 10월 25일, 조국의 독립을 두 해 앞두고
카자흐스탄 크즐오르다에서 죽었다.
죽기 열흘 전, 죽음이 다가온 것을 느끼고 가진 돈을 털어
살아남은 동지들을 모두 불러 한바탕 잔치를 열었다.
먼저 간 동지들도 한 명도 빠지지 않고 잔치에 참석해 주었다.

1

카자흐스탄 크즐오르다 고려극장 (안팎, 밤)

허름한 고려극장 정면이 보인다.
태장춘 각본/연출의 '의병들'이라는 제목의
연극 포스터가 붙어 있다.
카메라가 안으로 들어간다.

의자가 치워진 객석과 무대 위에 길게 잔칫상이 차려져 있고
75세의 늙은 범도가 무대 중앙에 서 있다.
객석 쪽은 크즐오르다의 고려인들이
무대 위에는 살아남아 나이가 든 유상돈, 허건돌, 한상봉 등이
범도 주위에서 밝게 웃으며 악수를 하거나 포옹을 한다.

무대 왼쪽에서
김수협이 죽을 때의 젊은 모습으로 아들 김상하와 함께 다가와
"수고했다." 말하며 범도를 안는다.
범도는 얼른 김상하를 안고 "미안하다, 상하야!"라고 말한다.
오른쪽에서 임창근이 다가온다.
"야, 홍범도! 치사하게 너 나보다 오래 살기야?"라고 하자
범도가 돌아보며 손을 모으고 "죄송합니다!"라고 말하고
임창근을 안는다.

무대 아래에서 안중근이 뛰어 올라와

범도에게 손가락으로 단총 쏘는 시늉을 하며 웃는다.

범도는 소총 쏘는 시늉을 하며 웃더니 반갑게 안는다.

뒤쪽 무대장치에서 최재형과 이동휘가 다가온다.

범도가 돌아보고 깊이 허리 숙여 인사를 하고 차례로 안는다.

이어서 유인석과 이상룡, 이상설이 다가오자,

범도가 큰절을 올리려고 한다.

유인석이 얼른 다가와 안으며 "여천, 수고했네!"라고 말한다.

넷이 함께 가볍게 안는다.

객석에서 무대 왼쪽 계단으로 한두찬과 복면 여자,

김 알렉산드라가 밝게 웃으며 올라온다.

범도가 한두찬을 먼저 꼭 안은 후,

복면 여자와 김 알렉산드라를 가볍게 안는다.

무대 오른쪽 계단으로 최진동, 최운산, 안무가 올라온다.

범도가 최진동에게 경례한다.

최진동이 장난스럽게 상관처럼 거만하게 경례를 받더니

다시 범도에게 깊이 고개를 숙여 인사하고

활짝 웃으며 다가와 넷이 함께 안는다.

네 명 뒤에서 김좌진이 뚜벅뚜벅 걸어온다.

범도도 같은 속도로 걸어가 두 사람이 동시에 경례한다.

손을 내리고 서로 안는다.

무대 왼쪽에서 아내 이옥구와 아들 양순이, 용환이가

손을 잡고 다가온다.

네 명의 가족이 처음으로 부둥켜안은 후

즐겁게 웃으며 빙빙 돈다.

무대 오른쪽에서 박종달이 창을 하며 다가오고

정태와 한상호가 뒤따라온다.

범도가 퉁소 부는 시늉을 하다가 박종달을 꼭 끌어안고

정태와 상호도 꼭 끌어안는다.

무대 뒤에서 점순과 점돌과 유기운이 다가온다.

점순이 "고마워, 대장!"이라며 밝게 웃는다.

범도가 점순과 점돌과 기운을 함께 안는다….

시간 경과

무대 아래 구식 사진기가 세워져 있고

살아있거나 먼저 간 동지들이 모두 자리를 잡고

단체 사진을 찍고 있다.

펑! 하는 연기와 함께 단체 사진이 흑백으로 찍힌다.

흑백의 범도는 우는 듯, 웃는 듯, 미묘한 표정을 짓고 있다.

끝.

〈범의 길 1920. 독립전쟁〉은 영화 시나리오입니다. 홍범도 장군, 그리고 그와 함께 피 흘린 사람들에 대한 기록이자, 수십 년의 시간과 한반도·연해주·만주라는 광활한 공간 속에서 일제와 처절하게 맞선 무장투쟁 서사입니다. 나날이 발전하는 AI 기술로 전투 장면의 배경 정도는 곧 완벽하게 구현할 수 있을 것이어서 전보다 제작비를 훨씬 절감할 수 있을 테지만, 여전히 이 작품은 막대한 예산이 필요한 대작입니다. 영화계 상황이 좋지 않아 투자가 쉽지 않으리라는 것은 짐작했으나 직접 부딪혀 보니 훨씬 심각했습니다.

그러던 중, '꿈꿀자유' 출판사의 마케팅 책임자로 일하시는 지인이 시나리오를 보고 싶다고 하셔서 보내드렸는데 뜻밖의 글을 받았습니다. 출판사 대표께서 꼭 책으로 내고 싶다고 정중하게 요청해 오신 것이었습니다. 시나리오는 제작에 관련된 사람들만 돌려보고 제작 전에는 극도로 유출을 삼가는 것이 보통입니다. 드물게 출판되는 경우가 있긴 합니다. 영화가 제작되고 배급이 이루어진 후, 성과가 좋았던 작품 가운데 주로 시나리오를 공부하는 사람들을 위해 책으로 묶어 내는 것입니다. 놀라운 제안이었고, 사실 당혹스러웠습니다. '제작 전 출판해도 되는가? 시나리오가 팔릴까?' 걱정도 되었습니다. 제안을 받은 다음날, 마침 시나리오를 미리 읽은 분들에게 강연할 일이

있었는데, 국어 선생님으로 은퇴하신 분이 아무렇지 않게
말씀하시더군요. "나라면 삽니다." 툭 던지신 그 한마디가
제 망설임을 없애주었습니다.

놀라운 일은 이어졌습니다. 문재인 전 대통령님과 작가이자
비평가이신 김미옥 선생님께서 추천사를 써주시기로 한
것입니다. 문재인 대통령님은 책에 추천사를 쓰신 적이 없고,
아마 앞으로도 쓰시지 않을 것입니다. 누구나 짐작할 수 있는
이유 때문이겠지요.

대통령님께서 추천사는 쓸 수 없지만, 시나리오는 읽어보겠다고
하셨습니다. 그것으로 충분했습니다. 그런데 딱 사흘 후,
시나리오를 읽으셨고, 주변에도 권하셨으며, 추천사도
써주시겠다고 연락을 주신 것입니다. 시나리오가 나쁘지 않은
덕도 있겠지만, 홍범도 장군의 유해를 모시고 온 분이시니 이
시나리오가 널리 알려져 영화 제작으로 이어지길 바라는
마음에서 수락하신 게 아닐까 짐작합니다.

김미옥 선생님께 부탁드릴 때는 사실 더 떨렸습니다. 늘 저를
지지해 주시고 힘이 되어 주셨지만, 시나리오를 좋게 보지 않으면
써주실 것 같지 않았습니다. 두 분의 추천사는 저에게 엄청난
힘이 되어 주었습니다. 깊이 감사드립니다.

전작인 영화 〈탄생〉과 확장판인 TV 드라마 〈청년 김대건〉을 만들
때도 직간접적으로 크게 도움을 받은 문헌들이 있습니다. 엔딩
크레딧에 올릴까 생각했으나 반대도 있고 해서 포기했습니다.
학술적인 글은 참고문헌을 밝히는 것이 의무이지만, 창작물의
경우에는 아직 드문 일입니다. 마침 이 시나리오가 책으로 나오게

되어 지면을 얻었으니 미리 언급하려고 합니다. 소설가 방현석
님의 소설 〈범도〉는 제가 홍범도 장군에 눈뜨게 해주었고
영상으로 만들어야 한다는 강한 의무감을 심어준 작품입니다.
소설 〈범도〉를 읽으신 분들과 함께한 만주 답사와 연해주 답사도
큰 자극이 되었습니다. 시인 이동순 님이 이야기식으로 구성하신
평전 〈민족의 영웅 홍범도〉는 시나리오를 실존 인물들로
구성하는 데 큰 도움이 되었습니다. 독립기념관장을 지내신
김삼웅 선생님의 〈홍범도 평전〉과 반병률 교수님의 평전 〈홍범도
장군〉도 빼놓을 수 없습니다. 이 작품이 단순한 사극이 아니라
역사물로 분류된다면 두 분의 평전 덕입니다. 논문도 수십 편
보았고 큰 도움을 받았습니다. 특히 신효승 교수님의 〈청산리
전역시 일본군의 군사체계와 독립군의 대응〉, 신주백 교수님의
〈봉오동전투, 청산리전투 다시 보기〉, 〈1920년의 임시정부
독립전쟁론과 북간도〉 같은 논문은 저에게 봉오골, 청산리
두 전투가 독립전쟁의 성격을 지닌다는 점을 분명하게
각인시켜주었습니다.
홍범도 장군의 내면을 가늠하게 해준 글은 역시 카자흐스탄
크즐오르다에서 고려극장 수위로 계실 때 장군께서 직접 쓰신
〈홍범도 일지〉와 극장장 태장춘이 쓴 희곡 〈홍범도〉였습니다.
홍범도 장군은 1941년 독소전쟁이 발발하자, 이 시나리오의
프롤로그에서처럼 73세의 노구를 이끌고 녹슬지 않은 사격
솜씨까지 선보이며 적극적으로 참전 의지를 불태웁니다. 그 직후,
극작가이자 연출가인 태장춘의 설득으로 자신이 등장하는
연극을 만드는 데 동의하고, 우선 〈홍범도 일지〉를 쓰셨습니다.

태장춘으로서는 홍범도 장군의 생애를 파악해야 하니 일지부터
같이 썼을 것입니다. 〈홍범도 일지〉는 반병률 교수님의 평전에
수록되어 해석하며 읽을 수 있었습니다. 희곡 〈홍범도〉는
도서관에서도 찾을 수 없었는데, 연해주 답사를 이끌어 주신
이황휘 선생님께서 카자흐스탄의 고려인들을 통해 구해주셔서
역시 해석해 가며 읽을 수 있었습니다.
처음 희곡을 받아들고 고개를 갸웃했습니다. 제목이 〈홍범도〉나
〈홍범도 장군〉이 아니라 〈의병들〉이었기 때문이었습니다.
〈의병〉도 아니고 〈의병들〉이었습니다. 머릿속에 "제목이 〈홍범도
장군〉이어야 보러 올 거 아닙니까?", "〈의병들〉로 하자니까!
나 혼자 주인공이면 나 안 해!"라고 태장춘과 홍범도가 다투는
그림이 바로 그려졌습니다. 배경도 봉오골 전투나 청산리 전투일
것으로 짐작했으나, 아내와 장남을 잃고 포수들과 더불어
개마고원에서 싸울 때가 배경이었습니다. 희곡에는 자신의
실수까지 솔직하게 담겨 있어서 뭉클했습니다. 나서기를
싫어했던 홍범도 장군이 왜 참전 의지를 밝히고, 자신이 등장하는
연극을 만드는 데 응했는지 금방 짐작이 되었습니다. 1941년이면
스탈린이 연해주의 고려인들을 중앙아시아 여기저기에 강제
이주시킨 지 4년밖에 지나지 않은 시점입니다. 노구의 홍범도
장군이 고려인들의 정착과 고려인 사회의 위상을 높이기 위해 할
수 있는 일을 억지로 한 것으로 보입니다.
1942년, 〈의병들〉이 크즐오르다 고려극장에서 초연되었을 때,
홍범도 장군은 객석에 앉아있었습니다. 연극이 끝난 후, 장군은
이렇게 말씀하셨다고 합니다. "너무 추네, 추어…." 연극 속에서

자신을 너무 치켜세워서 거북하다는 뜻으로 하신 말씀입니다.
하지만 제게는 이 말이 "너무 춥네, 추워…."로 들렸습니다.
홍범도 장군의 가슴에는 평생 개마고원의 서늘한 바람이 불었을
것 같습니다. 봉오골이나 청산리에서 동지들과 함께 전사하지
않고 살아남아, 연해주와 카자흐스탄에서 고려인들을 위해
자신이 할 일을 해내야 했던 것을 형벌로 생각했을 것 같습니다.
저는 홍범도 장군보다 더 쓸쓸한 삶을 살았던 사내를 알지
못합니다.
얼마 전. 소설가 황석영 선생님이 홍범도 장군의 후반기 삶을
소설로 쓰실 것이라는 소식을 접했습니다. 무척 기대됩니다.
지금 우리가 이룬 것의 바탕에는 동학혁명부터 해방까지 50년
넘게 일제와 싸운 선조들의 땀과 피가 있습니다. 이 시나리오가
홍범도 장군의 참모습을 알리는 데 한몫할 수 있기를 바랍니다.
꼭 영화로도 완성해 독자들을 초대하고 싶습니다.
연극에서는 레제드라마Lese-drama라고 해서 읽기 위한 희곡이
존재합니다. '꿈꿀자유' 출판사의 새로운 시도가 영화에서도 읽기
위한 시나리오, 레제스쩨나리오Lese-szenario 장르가 생겨나는
출발점이 되었으면 합니다.

2026년 2월 1일
박홍식

지은이 박홍식

영화의 대본을 쓰고 연출을 한다.
학부에서 독문학을, 대학원에서 영화를 공부했다.
장편 영화 〈역전의 명수〉, 〈경의선〉, 〈두 번째 스물〉, 〈탄생〉
TV 드라마 〈청년 김대건〉, 단편 영화 〈하루〉, 〈또 하루〉
VR 영화 〈바람의 기억〉 등을 만들었다.
'영화로 보는 인문학'이라는 제목으로 책과 영화를 묶어 인문학 강연도 가끔 하고 있다.

범의 길

초판 1쇄 발행 2026년 3월 1일

지은이 박홍식
발행인 원경란
기획 강병철
편집 양현숙
마케팅 김수나
디자인 신병근, 선주리

펴낸곳 꿈꿀자유 서울의학서적
주소 제주특별자치도 제주시 국기로 14 105-203
전화 010-5715-1155(편집부), 010-3056-3315(마케팅부)
팩스 0505-302-1678
이메일 smbookpub@gmail.com
등록 2012. 05. 01 제2012-000016호